禅の教えに学ぶ

捨てる習慣と軽やかな人生

枡野俊明

朝日文庫

本書は二〇一三年十一月、こう書房より刊行された『禅的生活ダイエット』を改題し、加筆・修正したものです。

まえがき――「引き算」の生き方は、人生を美しくします

余分なものを捨て、極限までシンプルにすること。これが禅の美学です。

物質的に無駄なもの、余分なものだけでなく、怒りや不安などの「負の感情」を含めた執着の心をそぎ落として、よりシンプルに落ち着いて生活することで、人生は、ぐんと楽になります。

「そういえば、忙しさに追われて、なかなか自分が本当にやりたいことに手をつけられない」「最近、プライベートな時間がないような気がする」

そんな思いを、あなたは持っていませんか?

仕事のこと、家族のこと、恋人のこと、将来のプランなど、いつも頭の中がいっぱい。次から次へと考えなければならないことに急《せ》かされていると、どんどん焦って、エネルギーを消耗してしまいます。

そんな毎日を送っていると、自分の軸となるはずの「本来の自分の姿」や「自

分の人生の満足度や幸福度」から、どんどん遠ざかってしまいます。

また、そのように悩んでいる若い方に、「あなたのお部屋はきれいに片付いていますか?」とお尋ねしますと、「部屋は散らかっていますけれど、私は今ひとり暮らしで家族もいないし、誰にも迷惑をかけていないので」という返事を聞くことも多いのです。

私はそこで、「あなたはそう思っているかもしれませんが、実は、散らかった部屋は、他でもない、あなた自身に迷惑をかけているのですよ」とやんわりと申し上げます。すると、キョトンとしたお顔をされますが、さらに続けて「部屋は、人の心の状態を映しているのです。きちんと整えられた部屋に生活している人は、精神状態も整っていて、自分のやりたいこと、するべきことがわかっているのです」と言うと、はっと思い当たる節があるような顔をされます。

このように、洋服や雑誌、生活雑貨などで自分の身の置き所もないような生活をしていると、いつも何かに追われるように焦り、イライラし、集中できなくなってしまうのではないでしょうか。

私は、基本的には人間はものぐさだと思うのです。ですから、油断すると楽なほうに流されてしまい、そうするとどんどん歯止めがきかなくなってしまう。それを止めるためには、まず、身の回りを整えること、自分の生活を律することが大切です。

そのためには、本書のテーマである「減らす」生活、生き方をすることです。これは何も片付けの話ばかりではなく、情報も買い物も、人間関係もすべてが過剰になりがちな現代において、まわりに流されるのではなく、「今の自分にとって、本当に大事なものは何か」を見極めて生きることが、人生を豊かにするための一歩になります。

こうした課題を解決するためには、「もっと、もっと」といった「足し算」をいったんやめることが重要です。「もっと認められたい」という虚栄心やプライドを捨てて、ありのままの等身大の自分を生きる。その「もっと」という執着心を減らすことを、禅の世界は教えています。

「何をして何をやめるか」「何を残して、何を減らすか」。これからの時代、そのような「引き算」の考え方が大切になってくるのだと思います。

また、禅において、何よりも大切なことは、「今」という時間です。今、このときを精一杯生き切るためには、即決・即断することが大切になってきます。ですから、何を手放すか、捨てるか、減らすか、思い立ったときに決めてください。

たとえば、3年間使わなかったもの、3年間着なかった服は、この先も使わない可能性が高いので、手放すことを考えましょう。友人に使うかどうか尋ねてみたり、リサイクルショップに引き取ってもらうことも考えられます。

どうしても捨てられない思い出のものや思い入れのあるものは、残してもかまいません。こうして整理整頓していくと、心が楽になります。自由になります。

職場のデスクも同じで、机の上が整理された人は、心も整った状態になりやすく、落ち着いて効率的に仕事ができます。あとで詳しく紹介しますが、掃除を「片付け」と思うと面倒くさくなるので、「気持ちを良くする準備」と思ってください。心を磨くように掃除をすれば、ストレスのない、より充実したオフィスライフやプライベートタイムを送れると思います。

そして、自分の気持ちをいつもご機嫌にするコツは「時間に使われない」生き方をすることです。「所作」も含めて、あなたの人生をより美しくするコツがここにもあります。

唐の時代の趙州《じょうしゅう》禅師がこんなことを言っています。

「汝は十二時に使われ、老僧は十二時を使い得たり」と。十二時とは24時間のこと。簡単に言うと、「あなたは一日中、時間に追われてしまっているが、私は、一日を使い切っています」ということ。つまり禅師は時間に追われて生きずに、時間に対して主体的に生きなさい、と言っています。

冒頭に書いたように、「次は何々をやらなきゃいけない」「そのあとはどこそこに行かなきゃならない」と追われるように過ごしていると、いつしか自分に余裕がなく、怒りや不安といった感情を持ちやすくなります。

逆に、心に余裕があれば、たとえ同じ1日のスケジュールをこなしても、「これはやったから、次はこれ」と、追われることはありません。ポイントは、やるべきことは先延ばしにしないことです。

また、無駄に先のことを心配しないことです。「今、やるべきこと」に集中して、やり遂げたら執着しないことです。

そんな、「減らす」生き方を禅は教えてくれるのです。

ものがあふれ、情報が氾濫し、価値観が多様化している今、せめて自分自身は、「減らす生き方」をして、身も心も軽やかに、美しくなってはいかがでしょうか。

きっと明日から、スッキリと、ご機嫌な毎日が送れることでしょう。

合掌

枡野俊明

禅の教えに学ぶ　捨てる習慣と軽やかな人生　目次

まえがき――「引き算」の生き方は、人生を美しくします　3

第一章　すべては「気付く」ことから始まる

良い行いをすれば、良い結果を生む　22

体のメタボだけではなく、「心のメタボ」にも気をつける　25

自分の中にある「仏性」に気付く　29

流されないためにものを見る目を養う　32
川面に映った月のように、本当のことは変わらない　35
命を込めるように芸術に携わると、違ったものが生まれてくる　37
なすべきことを自分に問いかけ、淡々と毎日を過ごす　40
体を動かし、汗を流してこそ得られること　42
「やらなければならない」と思ったら、すぐにやる　45
結果が出なくても、プロセスを大切にすれば次につながる　48
ＳＮＳを使う前に、「本当に必要なのか」を自問する　52

第二章 「今」こそ、すべて

今、この瞬間を精一杯生き切る 56
玄関の靴をきちんと揃える 59
涙が出るくらい本気で取り組む 61
無心に打ち込めば、そのものになりきれる 63
「今度やる」はやらないのと同じ 66
小さなことを淡々と行う 69
必要な情報は自分から取りに行く 72

半眼の精神で、必要のないものを見ないようにする　75
嫉妬心から自由になると、本当の自分が見えてくる　78
欠けているものを悩むよりも、能力を高めることに集中する　81
曖昧は寛容のこと、白黒決めなくてもいい　84
受け入れて、進化させるから「強み」に変わる　87
第三章　体と生活を調えると、ネガティブ思考から抜け出せる
体と呼吸を調えれば、自然と心が調う　90
短時間でも、心を「空っぽ」にする時間をつくる　94

嫌なことがあったら、すぐに反応せず一呼吸置く　97
写経や写仏で心を落ち着ける　100
「夜は心配事はしない」という習慣をつける　103
毎日、合掌することで、不動心をつくる　107
食べられることのありがたさを知ると、暴飲暴食しなくなる　110
「ながら食べ」をせずに、食べることに徹する　115
自分で料理して、素材を無駄なく使い切る　118
週に一度は、精進料理を食べる　121
予定のない休日は、時計を持たない生活を　123

身近な観音様をまわって、プチ遍路を楽しむ　126
ガイドブックを持たない旅に出る　130

第四章「掃除」がありのままの自分を磨く

買い物で執着のスパイラルにはまらない　134
人は裸で生まれ、何も持たずに旅立っていく　138
日々の掃除を通して、陰徳を積む　140
やらなければならないことに、縛られない　143
「空の空間」をつくり、生活に季節を取り入れる　147

気持ちさえあれば、道具がなくても今すぐに始められる 150
心を磨くために、無心で掃除をする 153
使うたびにリセットすれば、次の作業が簡単に始められる 156
掃除は居間や寝室よりも、まず玄関から 159
朝の5分掃除こそ、快適な1日のスタート 162
あなたの部屋は、あなたの心を映す鏡 165
不要なものを捨てることで、自由になる 168

第五章　美しい人は「減らす生活」でつくられる

気持ちをリセットするならば、坐禅がお勧め　172
孤独に強い女性は美しい　176
自然の中でボーッとすることが、何よりの「自分へのご褒美」　180
「道」と呼べるくらいひとつのことを極めてみる　183
見る人の力量を養えば、より豊かに文化を堪能できる　186
ご利益を求めず、ただ、行を修める　189
習慣化するために、１００日続ける　192

パートナーは、条件よりも価値観を同じにする人を選ぶ　195
「利休七則」にならう、本当に上質なもてなしとは　198
どんな1日も、大切な1日　202

企画プロデュース／岩下賢作

禅の教えに学ぶ　捨てる習慣と軽やかな人生

第一章

すべては「気付く」ことから始まる

良い行いをすれば、良い結果を生む

最初に、仏教の根本原理ともいうべき「因縁《いんねん》」についてお話ししましょう。

物事には原因があって、結果があります。その原因となるものが「因」です。そこへ外からの間接的な「縁」がやってきて、結びついて「因縁」となります。そして、そこから「結果」が生まれるのです。

これを、植物の種として例えてみましょう。

ここに果物の種があるとします。この種が「因」です。この種は果物を実らせる力を持っていますが、それには種だけでは不十分です。その他に、さまざまな間接的条件が必要となってきます。

種から果実を収穫するにはどうすればいいでしょうか。まずは土地を耕して、必要な肥料を施します。種を蒔《ま》いたら水をやり、芽が出たら必要に応じて追肥や草取りをして、成長を手助けします。このときの、土や水、肥料といった条件が「縁」なのです。

因と縁が結びついて、因縁が生まれ、やがて植物は大きく育ち、果物を収穫できるようになります。この結果のことを、「因縁果」と呼びます。そしてこれが、「縁起」と呼ばれる法則なのです。

因と縁、そのどちらかが欠けたとしたら、縁起はなく、果物は収穫できません。

さらに、物事にはいい結果（善果）と悪い結果（悪果）があります。これはどのように変わってくるのでしょうか。

そこには、自分の行いが関わってきます。善を行うことは良い結果をもたらし、悪い行いは悪い結果を運んでくるのです。これを「善因善果」と「悪因悪果」といいます。

同様に、縁にも良縁と悪縁があります。この世の中は、いい話ばかりではありません。来る縁すべてに飛びついていたら、詐欺にあったり、いつの間にか犯罪に手を染めていた……なんてことにもなりかねません。

良い行いをし、良い縁を見極めて選び取っていけば、幸せな人生が開けていきます。逆に、悪い行いをし、悪い縁を結び続けていれば、不幸を背負うことになります。

「縁なんて、私のところには来てくれない。私は不幸になる運命なのだ」と、人生に無力感を持っている人もいるでしょう。

それは事実ではありません。縁は春風のように、誰のところにも平等にやってきます。あなたがそれに気付くことができるかどうか、それだけの違いなのです。

良い行いをして、よい縁を結ぼうと心掛けていれば、私たちはいつだって、やり直すことができます。良い縁を結ぶことによって、幸せな人生を選び取っていくことができるのです。

体のメタボだけではなく、「心のメタボ」にも気をつける

偏った食生活と運動不足などで、メタボリックシンドロームになる人が増えてきているようです。お腹《なか》まわりについた脂肪を気にしながら「メタボ対策しないと。よし、運動を始めよう」と決心する人も多いのではないでしょうか。

多くの人は、目に見える脂肪を気にして「ジョギングしよう」「脂っこいものを控えよう」と対策を練っているようですが、私はもうひとつのメタボ、「心のメタボリックシンドローム」にも目を向けてほしいと思っています。

心のメタボとは、いったいどんな症状なのでしょうか。

それは、自分がたくさんのものを持っていても、それに満足することなく、「もっといいものが欲しい、人がうらやむようなものを持ちたい」と思ってしまうこと。執着の塊となって、「あれも欲しい、これも欲しい」と、目につくものすべて手に入れようとすること。

友人や同僚と自分を比較し、常に自分が上でいたいと願ってしまうこと。こう

いったことすべてが、心のメタボの症状なのです。

ベルトがきつくなってきたとか、体重が増えた、階段を上るのがしんどくなったなどで、体のメタボを認識することはできます。今まで着ていた洋服がきつくなるなど不都合も出てくるため、メタボを解消する必要性も強く感じます。

しかし、心のメタボはなかなか表には出てきません。ですから、気付いたときには心のメタボがかなり進行していた……。そんなこともあり得るのです。

美醜、貧富、善悪など、人間は対立的に物事をとらえがちです。物事を相対するふたつに分けて考えて、こちらは良い、こちらは悪いと、えり好みをするのです。

執着というものは、実はそこから生まれるのです。

このことを禅の世界では「妄想《もうぞう》」と呼びます。心がメタボになると、この妄想に取りつかれて、「もっと、もっと」が頭の中でぐるぐるまわるようになってしまいます。そうなると、いくら手に入れても、いくら自分が豊かな暮らしをしていても、「もっと、もっと」という欲望は消えず、満足することがなくなってしまいます。

「莫妄想《まくもうぞう》」は、その執着から自由になりなさいという意味の禅語です。

体のメタボはお医者さんに相談したり、フィットネスクラブに通ってトレーナーに運動プログラムを組んでもらったりすれば改善していけます。しかし、心のメタボはお医者さんには治せません。自分で気付き、自分が主体となって直していくしかないのです。

心のメタボを治すには、まずは「知足《ちそく》」、つまり足るを知ることです。すべてを手に入れようとするのではなく、「自分はこれだけあれば足りている。ありがたい」という気持ちを実感するのです。

今日満足に食べられること。

雨風をしのいで休める場所があること。

仕事ができるということ。

家族や友達がいるということ。

今、この世界に生かされているということ。

――そのすべてに感謝することから始められます。

人間ですから、欲望をゼロにすることはできないでしょう。しかし、ゼロにする必要もないと、私は思います。

足るを知ることで、欲望は今よりも少なくなります。「もっと、もっと」という執着から自由になって初めて、豊かな生活を実感できるようになるのです。

自分の中にある「仏性」に気付く

この世に生を受けたとき、人は誰しも、まっさらで清らかな存在です。執着も妄想も雑念も何ひとつない、一点の曇りもない鏡のような心を持っています。

このときの心をずっと持ち続けていれば、「自分はいったい、どういう人間なんだろう」と考えることはないでしょう。

しかし、成長していくに従って、人はいくつものしがらみや欲望、煩悩などに縛られるようになってきます。

本当は悪口を言いたくないのに、仲間はずれにされたくないから同意してしまったり、本当はやりたくないような仕事を、立場上しなければならなかったり。そんなふうに過ごしているうちに、人は自分を見失います。磨かれない鏡がいつしか曇るように、自分の姿が見えなくなってしまうのです。

そして思い悩みます。「今の自分は、本当の自分ではない気がする。しかし、自分というのはいったい、どんな人間なのだろうか」と。

若い人の自分探しも、大人になる過程で本来の自分が不透明になってしまったからこそ、「もう一度、まっさらだった自分と出会いたい」と、探し求めることなのかもしれません。

生まれたばかりのまっさらな自分。それを禅では「仏」と呼びます。

そうです、「本来の自己（分）」と「仏」は、本来は同じものなのです。

たくさんの煩悩や雑念を身につけてしまったからといって、もともと自分の中にある「仏」が消えるわけではありません。

仏様と同じ尊い性質のことを「仏性《ぶっしょう》」と呼びますが、どんな人の中でも仏性は輝いています。私たちは誰でも、仏様のような美しい心を持っているのです。

ただ、家族として、社員として、グループの仲間として、いろいろなことが要求される中、私たちの仏性には欲望や怒り、煩悩といったぜい肉がついてしまいました。そう、人は仏性を失ったわけではなく、心のぜい肉が人の仏性を見えにくくしてしまっているだけなのです。

この、生まれたときの仏に出会うために、私たちは日々修行を続けています。

修行とは、行を修めるということです。かといって、特別なことをしなければならないわけではありません。自分探しをするために、海外へ出かけたり、手当たり次第習い事を始めたり、たくさんの資格を取ったりする必要はないのです。自分の中の仏性を信じて、毎日を丁寧に、大切に、一生懸命生きてみてください。それこそが修行なのです。

そうすればいつの日か、一点の曇りもない、鏡のような自分と出会えることでしょう。

流されないためにものを見る目を養う

雑誌で「今これが流行《はや》っています！　すぐに買わなくちゃ」と言えばみんながそれを買い求め、テレビで「この店はとても美味《おい》しい！　一度は足を運んでみてください」と言えば翌朝にはその店の前に長蛇の列ができる。

メディアは世の中の動きをつくるのが得意ですが、彼らが「これがいい」と言うものは、はたして本当に自分が欲しいもの、自分がいいと思うものと一致しているでしょうか。

みんながいいと言っている所へ行かなければと思っていませんか？　みんなが持っているから、自分も持たなくてはと思っていませんか？

自分が本当は何を求めているのか。それに気付くためには、まずはものを見る目を養わなければなりません。

私は多摩美術大学で環境デザインを教えていますが、卒業する学生たちにアドバイスを送るとき、「とにかく、いい空間の中に身を置き、いいものを見続けなさい」という話をします。

ものを見る目を養うことはとても大切で、「これは本当に素晴らしいものだ」とか、「今、自分はとてもいい時間を過ごしている」ことを実感できることにつながっていきます。

このような感覚は、いい空間の中に自分で身を置いて、いいものを見続けることでしか養うことができません。自分で体験してみないと、「心地いい」とか「豪華だけど何か居心地悪い」とかいうことは、わからないものなのです。

学生たちが卒業旅行へ行くときも、こんな話をします。

「あなたたちが滞在中ずっと高級ホテルに泊まるのは、予算的に無理かもしれません。ですが、5日間旅行するのだったら、4日間は安宿に泊まってお金を節約して、最後の1日はいちばん安い部屋でいいから最高級ホテルに泊まってみてください。そうすれば、最高級と呼ばれるホテルのスタッフがどのような接客をするのか、宿泊客たちがどのような立ち振る舞いをするのかが体でわかります」

いちばん安い部屋でも、一流ホテルは一流です。エレベーターひとつ取っても、乗る人が心地よいようにつくってあります。そこに身を置いて、人々の立ち振る舞いを見ていれば、いつか自分でもそのような立ち振る舞いができるようになります。

そこにどのような時間が流れているのかを感じ取って、心地いいのなら、どうして心地いいのかを考えてみてください。壁の色なのか、天井の高さなのか、空間の形なのか。自分で考えて、答えを見つけてみてください。その答えこそが、自分の「ものを見る目」なのです。

これは、社会人の方にもぜひ実践していただきたいと思います。高級ホテルに泊まらなくても、ものを見る目を養える場所はたくさんあります。

ちょっとお茶を飲みたいなと思ったときに、いつものファミリーレストランではなく、ときどきは一流ホテルのラウンジでアフタヌーンティーを注文してみる。それだけでも、自分の糧となることでしょう。

川面に映った月のように、本当のことは変わらない

「水急不流月《みずきゅうにしてつきをながさず》」という禅語があります。「水の流れは急であっても、川面に映る月は流されることなくそこにとどまっている」という意味です。

この世の中は、まさにこの急流として表されます。とくに近年では、水の流れが勢いを増すように、流行はどんどん移り変わっていきます。しかしそんな激しい流れの中にあっても、月影は決して流されません。この月影は真理を指します。つまり真理は変わらないのです。

時代は変化し続けています。ライフスタイルもどんどん多様化してきています。世の中の仕組みも、ほんの100年前と今とでは大きく変わってきています。

しかし、そこに生きている人間の心や、「本来の自己」も、川面の月と同じです。どんなに世間が流れても、変化することはないでしょう。

こちらから頼まなくても、メディアやインターネットなどが情報を運んできてくれる時代です。「今はみんな婚活パーティに参加しています」「今すぐにマンシ

ョンや家を買わないと損ですよ」「あなたの年齢の平均年収はこれくらいです」など、気持ちを惑わすニュースや広告は街中にあふれています。

しかし、それに踊らされて「今の会社、平均よりも給料安いから、転職を考えたほうがいいのかな」などと心が揺らいでしまうと、コツコツ積み上げてきた幸せを崩しかねません。熟考して「転職をしたほうが自分の将来のためになる」と思ったならともかく、「みんながそうしているから」という理由で自分の行動を決めるのは、情報に踊らされ、世間に流されてしまっているということです。

また、「他の人は、今の私の年齢までにマンションや家を買っているんだ」などと落ち込むこともありません。必要がなかったから買わなかっただけだというのに、マンションを持っていない自分が何か欠けているように思えるのは、うまいこと宣伝にのせられているだけなのです。

周りの人が何歳でマンションや家を買っているのか、どのくらいのお給料をもらっているのか、気になってしまうかもしれません。しかし、自分は自分です。

水面にとどまり輝き続ける月のように、自分を見失わないでいてください。

命を込めるように芸術に携わると、違ったものが生まれてくる

禅の世界には「禅芸術」というものがあります。私が携わっている日本庭園もそうですし、水墨画や書などもあります。

ところで、「禅芸術」とは、具体的にどのようなものを指すのでしょうか？

たとえば禅寺に海外の風景を描いた油絵がかかっていたとします。この場合、いくら禅寺に飾られているといえど、「これは禅画だ」と言う人はいないと思います。

次に、禅寺に墨で描かれた達磨《だるま》の絵が飾られていたとしましょう。著名な日本画家が高度な技術で描いた、素晴らしく価値のある墨絵です。この絵を見て「これは間違いなく禅画でしょう」と言う人はいるかもしれませんが、実はこの場合も答えは否なのです。

禅芸術というものは、あくまで本人がたどり着いた禅の境地、本人が極めた禅の道を、具体的な形にしたものでなければなりません。禅の目的は「本来の自己

に出会うこと」。したがって禅芸術は、己の中の本質的な部分に出会い、見つめ、それを何物にも縛られない自由な表現で形にしたものでなければならないのです。

有名な日本画家が描いた達磨の墨絵も、もしその画家が禅の道を極めた人であり、その会得した心の状態を達磨の絵に表したのならば、これは禅画です。しかし、ただ高度な技術を駆使して描いただけだとしたら、それは「達磨」という固定観念にとらわれて描かれたものになってしまい、自己の精神性の表現ではなくなってしまうのです。

このように、禅芸術では、表現技術の高さよりも、その作品にいかに自分の精神性が込められているかが重要になってきます。

「禅の庭」も同じです。建築様式が貴族の寝殿造りから禅僧の方丈建築に移り変わってきたとき、庭も大きく変わりました。それまで庭は平安貴族たちが宴《うたげ》を行うための場所でした。しかし禅僧たちは、庭を造ることで自分の心の状態や境地というものを表現しようとしたのです。そして、その庭を眺めることで自分自身と対峙《たいじ》したり、世の中の真理をくみ取ろうとしました。

私は庭園デザイナーとして、日本をはじめ、アメリカ、中国、シンガポールなど、10以上の国や地域で「禅の庭」を手掛けています。作庭のご依頼を受けると、私はまず現地へ足を運び、そこで立ったままする「立禅」を行います。すると、鳥の鳴き声が聞こえたり、どこからか風がするりと通ったり、その風で草が揺れる音がしたり、さまざまなことに気がつきます。そのような中で、「この空間には何がふさわしいのだろう」と考えていくのです。

固定概念も、「こうしてやろう」という自分の思いもすべて捨てて、ひたすら石や木に、どこに置いてほしいのかを聞いていきます。石や木には目に見えない動きというものがあり、それを私は「石心」「木心」と呼んでいます。それに、目に見えない大地の動き、つまり「地心」を合わせてその土地の潜在的な魅力を引き出すのです。その空間に、自分のすべての人格や命を込めるようにして――。

禅とは徹底して自分の足元を見つめること。そしてその境地として造った庭には、その人のエネルギーが込められています。

これは庭に限ったことではなく、芸術全般に言えます。何かをつくるのが好きな方は、一度「こうあらねば」という固定概念を捨てて、自分の魂を込めるつもりで、その作品とひとつになるつもりで取り組んでみてください。きっと、それまでの作品とは違ったものができあがるはずです。

なすべきことを自分に問いかけ、淡々と毎日を過ごす

唐の時代の中国に、百丈懐海《ひやくじようえかい》という禅師がいました。禅師は80歳を過ぎてなお、作務《さむ》（＝働くこと）としての農作業をしており、若い弟子たちは禅師の健康を心配していました。ある日、農作業をやめてもらおうと、弟子たちが農具を隠してしまいました。農作業のできない百丈禅師は、作務を休みます。しかし、食事もとらなくなってしまいました。

農作業ができないまま、禅師はその日は食事をとりませんでした。弟子たちは禅師を心配し、「なぜ食事をとらないのですか？」と尋ねました。禅師の答えは「一日不作　一日不食（いちにちなさざれば　いちにちくらわず）」。つまり、「一日なすべきことをしなかったのなら、その分食事をとらない」と言ったのです。百丈禅師の言葉を理解した弟子たちは、大いに反省し、農具を禅師に返しました。禅師はすぐに農作業を行い、その後食事をとったということです。

この言葉は、「働かざる者食うべからず」とよく混同されますが、まったく意

味が違う言葉です。禅における作務というものは、人が人であるための基本的行為のこと。禅師が弟子たちに説いたのは、自分がなすべきことは何なのか、それを真摯《しんし》に自分に問いかけながら生きていくということにあります。

禅の修行僧のことを「雲水《うんすい》」と言います。私たちは雲水生活と呼ばれる修行時代を経験しますが、その期間中は坐禅、掃除、農作業、料理というような作務を、淡々とこなしていきます。このような日常、言い換えれば「日々のなすべきこと」の繰り返しこそが修行となるのです。

単調な毎日を送っていると、刺激や非日常を求めたくもなるでしょう。しかし、立ち止まって考えてみてください。刺激や非日常を求める前に、今日、自分はなすべきことをやったのでしょうか？

どんな退屈の極みにあろうとも、またはどんな絶望の淵にいようとも、今この瞬間に、自分のなすべきことはあるはずです。

一日に一度、立ち止まって自らに問いかけてみてください。自分は何をなすべきなのかを。そして、今日それをなしたかどうかも内省しましょう。

体を動かし、汗を流してこそ得られること

禅を学びたい、シンプルで健康的な生活を送りたい。この本を手に取った方は、きっとそんな思いでいるのでしょう。

しかし、どのように一歩を踏み出したらいいのかわからない。あるいは、努力しているつもりなのにシンプルとは程遠い生活をしている。または、現在は片付いた部屋で心地よい暮らしをしていても、いつまた自分の中のものぐさな怠け者が顔を出して、だらしない生活に戻るかわからない。そんな気持ちをお持ちなのではないでしょうか。

人は、楽なほうへ流されやすいもの。とくに女性は、妻、母、会社員などさまざまな役割を求められるため、「毎日、目が回るように忙しいです」と言う人もいるでしょう。そんなとき、人は便利なものや、毎日の生活を楽にしてくれる道具を求めてしまいます。それは仕方のないことだと思います。

今の時代、会社の仕事や育児などに追われている人に、「便利さに頼ってはいけない。洗濯機や電子レンジのなかった時代の方法で家事をやりなさい」などと言ったら、パンクしてしまいます。

しかし、怠けるために便利さを追求するのは、少し危険だと思います。

たとえば、大人気のお掃除マシン。「週末に自分で掃除をしていますが、普段の埃《ほこり》が気になるから使っています」という使い方ならいいのですが、「掃除は面倒。これさえあれば、もう掃除をしなくてもいいんだ！」という気持ちで使い始めると、弊害が出てくるような気がします。

本来、掃除というものは、そこらへんに置きっぱなしになっているものを片付けて、整理整頓しながらするものです。お掃除マシンがダーッと掃除すると、床の埃はなくなるかもしれませんが、脱ぎ散らかした服や積み重ねられた本はそのままということもあるのではないでしょうか。

人間にとって、楽をすることで自分自身が向上できることは、実はあまりありません。

体を動かして、汗をかくことによって気付きがあり、心地よさが残ります。終わった後に「やったぞー！」と言いたくなるような満足感があるのです。そして、その気持ちよさが「よし、次も頑張ろう」という、次へのエネルギーとなるのです。

反対に、自分がテレビを見ている間にロボットが掃除を終わらせてくれたとしたら、自分自身の達成感はありません。「あら、もう終わったの。楽でいいわ」くらいにしか思わないでしょう。

繰り返しますが、今の時代、何もかも100パーセント自分でやろうとするのは大変です。「平日は機械に頼るけれど、土曜日にしっかり自分で掃除する」「普段は掃除する時間がないから汚さないように気をつけて、空いた時間が30分できたら掃除機をかけよう」というふうにメリハリをつけ、自分でやることと、機械にまかせる部分をしっかりと意識しながら使い分けてみてください。

「やらなければならない」と思ったら、すぐにやる

「楽なほうへ流される」ということについて、もう少しお話しいたしましょう。

よく、「水は低きに流れる」といわれます。人も、またいっしょで、少し気を抜くと、まるで山からの小川のように、楽なほう、楽なほうへと流れていってしまいます。

しかも、自分で気付いて戒めない限り、そこから抜け出すのは容易ではありません。怠け癖とでも言いましょうか、一度楽をすることを覚えてしまうと、歯止めがきかなくなり、どんどんとだらしない生活にはまっていきます。

そうなると、部屋が散らかっていても「まあいいか」。料理が面倒くさいから「インスタントにしちゃおう」。生ゴミがたまってきても「いつでも捨てられるから今日はいいや」。クライアントへ渡す資料に誤字を見つけても「修正するのは面倒だから、気付かないふりをしておこう」――などなどいい加減に事を済ませてしまいます。

このような生活は、人の外面にもにじみ出てきます。「面倒くさいことはしたくない」という気持ちは表情に表れ、ひとつひとつの動作が雑になります。身だしなみもくたびれたようになり、ネガティブな言葉ばかり使うようになります。その結果、無気力で覇気がなく、近寄りがたい雰囲気を身にまとうことになります。

こんなときの処方箋はただひとつ。「このままじゃダメだと思ったら、すぐに体を動かす」ということだけです。

グータラが身についてしまった人は、それでもすぐに動くことはできません。行動を先延ばしするため、まずはプランを練ろうとします。

「生活を正すために行動しなければ。さて、いつから始めようか。今日の午後から？　明日から？　それとも今週末のほうがまとまって時間が取れる？」

「どこからやろうか。まずは掃除かな。いちばん汚れが気になるのはキッチンだけど、洗い物が面倒だから、お風呂場から？　いや、洗濯からやろう。その前に、クリーニングに出すものを分けないと……」

このようにかなりの時間を使って「週末、早起きしてお風呂場とキッチンをピカピカにする！」というプランを立てても、肝心の土曜日の朝には「休みの日くらい、ゆっくり寝ていたい」となって、結局1日だらだら過ごしてしまう……。あなたも心当たりはありませんか？

そうではなく、思いついたらすぐに行動に移すのです。キッチンまわりのゴミをまとめたり、床に落ちている本を本棚に戻したり、クリーニングに出す服をまとめたりするのは、ほとんど時間がかかりません。

行動に移してしまえばあっけなく終わることを、頭の中で「やらなくては、でも面倒くさい」と考え続けているから、いつまでたっても終わらないのです。易《やす》きほうへ流されていく自分を止められるのは自分だけです。「やらなくては」と思ったら、すぐに手を動かしてみてください。今、このときの行動こそがすべてなのですから。

結果が出なくても、プロセスを大切にすれば次につながる

働く人たちを見ていてよく思うこと。それは、結果ばかり重視しているなどということです。「やり方なんてなんでもいいから、とにかく結果を出してください」。会社の上司はそんなふうに結果ばかりを求め、部下たちはただひたすら、それに応えなければならなくなっています。

「大変だな」と思います。

私の考え方から言えば、今はすべての評価がアメリカ型に変わってきてしまっています。確かにアメリカ社会は成果主義の傾向があります。しかし、それがアメリカで浸透してきたのには理由があります。

アメリカは多民族国家です。イギリス系もいれば、イタリア系も、中国系もいます。ネイティブアメリカンの人も、アフリカにルーツを持つ人も、南米から来た人もたくさんいて、それこそまさに人種のるつぼです。

彼らはみんなアメリカ人ですが、人種や文化、宗教などによって、価値観はそ

れぞれです。そんな彼らがひとつの会社で仕事をするとき、やり方は異なって当然なのです。

そうなると、プロセスを考慮しても意味がありません。プロセスがあまりに違いすぎて、比較ができないのです。そのため、最終的にどんな結果を出したかがすべてとなり、その結果によって評価されるようになったのです。

アメリカの成果主義は、「やり方は価値観によって異なりますから、あなたにまかせます。とにかく結果を出してくれればいいですよ」という考えに基づいているもの。そして、アメリカの場合はそのような土台があって、成果主義が発展してきたのですからそれでいいのです。

しかし、日本の場合はどうでしょうか。

もともと日本は、ある人物がどのような過程で仕事をやって、どれだけのものを積み上げてきたかということを評価する国でした。

その積み上げたものに結果がついてきたのです。もちろん、結果に目標を定めてはいますが、自分のまわりにある、今できることから手をつけて、コツコツと結果まで持っていきました。そして上司はそれを見ていて、プロセスも含めたうえで評価していたのです。

たとえば、あなたがとあるプロジェクトの担当になったとしましょう。あなたにとっては最初のプロジェクトで、わからないながらも一生懸命やっていました。しかし、どこかでほんの少し失敗してしまい、プロジェクト自体がうまくいかなかったとします。

この場合、アメリカ型の評価では「この人は結果を出せなかった。能力がない」という結果になることもあります。しかし、従来の日本では、「あなたはこの部分を間違えたのだから、次はここさえ失敗しなければ大丈夫。何、失敗も経験ですから、自分の肥やしにすればいいんですよ」と、そこまでのプロセスを評価してくれていました。

努力しない人はもちろん怒られますが、努力して、それでも1か所だけ間違えてうまくいかなかった人には「よく頑張った」と、ねぎらいの言葉をかけていたのです。

ところが、今はなんでもアメリカ型の評価を取り入れるようになってしまったため、「プロセスなんてどうでもいい。私が欲しいのは結果です」という風潮になってしまいました。それによって競争も激しくなり、みなさん苦しんでいるのだと思います。

失敗したら、「なんでこんなことができないんだ。努力しなかったんだろう」と言われ、一生懸命やって失敗した人も、努力せずに失敗した人も、同じ扱いになります。そして、自分が一生懸命努力したのに評価はマイナスなので、「自分はダメな人間だ」と思い込んでしまうのです。

しかし、たとえ結果が出なくても、それまでの努力は無駄にはなりません。努力は自分自身の糧となり、どこかで役に立つはずです。

結果ばかりにとらわれず、目の前のやるべきことに対して努力を惜しまないことです。そういう生き方をしていれば、必ず道は開けることでしょう。

これは、仕事だけではなく、生活全般にも言えることだと思います。勉強していたのにテストの点があまり良くなかった子どもに対し、「よくやったね」と言ってあげられますか？　毎日残業しているのに給料が上がらない旦那さんを、「いつも頑張ってくれてありがとう」とねぎらってあげていますか？

いつの間にか、結果にしか焦点を当てないようになっていないかどうか。まずは自分自身に問いかけてみてください。

SNSを使う前に、「本当に必要なのか」を自問する

最近は、フェイスブックやLINE、ブログなど、ソーシャル・ネットワーキング・サービス（SNS）が流行《はや》っているようですね。外出すると、スマートフォンで景色や料理を撮影したり、サイトを更新したりする人をよく見かけます。

ところが、SNSに疲れている人も多くなっているようです。自分が楽しむために始めたものなのに、どうしてストレスに感じてしまうのでしょうか？

私は、SNS自体は悪いものではないと思っています。たとえば、子どもが親と離れて地方の大学へ行っているときなど、家族だけが見られるように設定して、日常の出来事を共有することができます。「ああ、実家では今日ジャガイモを収穫したんだ」とか「息子は今日から旅行に行くんだな」というふうに。

このように、離れていても、家族みんなが元気にやっていることがわかる、何をしているのか様子がうかがえるという使い方であるなら、フェイスブックやLINEなどはとてもいい道具なのではないかと思うのです。

しかし、不特定多数に自分の情報を公開して、自分がアップした情報に「いいね！」がつくと、人は「自分が社会の中で人気がある、自分は社会から求められている」と思ってしまいます。そして「今日はここに行くから写真をアップしなくてはいけない」「このお店に行ったから、詳細をブログでレポートしなくてはいけない」というようになって、「SNSにアップすること」に縛られてしまうのです。

SNSに写真をのせるのは、時間的な余裕があったらやればいいのですが、アップすること、情報を発信することに義務感を抱くようになると、本来やるべきことへの時間がどんどんなくなってしまいます。

SNSに写真をのせて、誰かに「いいね！」をもらうために生活しているわけではないのですが、「『いいね！』と言ってもらうために何かをしなくては」と思っている人が多いように感じられるのです。

今の世の中は、一見便利で面白そうなものであふれています。しかし、自分が情報を発信する側にまわり、たとえば「写真をアップすること」に縛られるようになると、自分で思う以上に時間を費やすようになってきます。その結果、本来やるべきことが全然できなくなってしまうかもしれません。

SNSに疲れた人に対して私が言いたいのは「だったら、やらなければいいのに」ということ。しかし、ネットの中での人間関係がいったん構築されてしまうと、やめるのもまた難しいでしょう。

いつの間にか義務感に縛られながらSNSを利用している人は、1週間でも10日でも、いったんそこから離れてみてはいかがでしょうか。

限りある人生という時間を「いいね！」をもらうために使い続けていいのかどうか、自分が今、本当にすべきなのは何なのか。そのことについて、インターネット抜きで考えてみることをお勧めします。

第二章

「今」こそ、すべて

今、この瞬間を精一杯生き切る

禅宗が日本に伝えられたのは鎌倉時代と言われています。

その時代は武家政権によって統治されており、武士の生活には常に戦いが伴っていました。明日をも知れぬ命です。武士たちは常に不安にさらされていたことでしょう。

そんなとき、禅僧たちがやってきて、「今、この瞬間を生き切ることが大切なのだ」と、教えを説きます。明日をも知れぬ命であっても、禅を通して自分の生き方を極めていくことが重要なのだと――。

たとえ明日が来なくても、今このときを一生懸命生きるならば、そこに自分の生きる道が見いだせる。武士たちはその教えに救いを見つけ、禅僧に弟子入りしたのです。

現在でも禅は、「今このときを精一杯生き切る」という考えのもとで成り立っています。

仏教には、「三世に生きる」という表現がありますが、この三世とは過去、現在、未来のこと。そのうちの「現在」は、禅の世界のすべてと言っても過言ではありません。

それくらい、禅においては「今」を大切にしているのです。

「而今《にこん》」という禅語があります。「今のこの瞬間は二度と返ってこない」という意味です。

「今」は、一瞬で過去のものとなります。次々と、指の間からこぼれるように消えていく今という時間。それは決して、止まることはありません。だからこそ、その今を一生懸命生きることだけが、現在の自分を未来へとつなぐただひとつの方法なのです。

禅には「一息《いっそく》に生きる」という言葉もあります。「人生において、ひとつ呼吸をするこの一瞬だけが真実なのですから、全力で今を生き切りなさい」という意味です。

過去にこだわるということは、誰でもしてしまうことだと思います。過去の失敗をいつまでも覚えていて気に病んだり、「あのときああしていればよかった」

と後悔したり、過去の栄光を忘れられず新たな一歩が踏み出せずにいます。

また、未来への期待や不安も、なかなか頭から離れないかもしれません。しかし、いくら素晴らしい未来を思い描いても、今という時間を精一杯生きない限り、そのときはいつまでたってもやってこないのです。

過ぎ去った時間をすべて忘れなさいというわけではありません。しかし、過去にとどまってばかりいると、今を生きることができなくなります。

過去の失敗からは教訓だけを抜き出して、実際に起こったことは忘れてしまってもいいのです。その教訓をもとに、同じ失敗を繰り返さなければいいだけなのです。

また、未来についても同様です。ゴールを思い描くのは素晴らしいことですが、「今」がおろそかになったら本末転倒です。今、種を蒔かなければ、いつまでたっても芽は出てこないのです。

未来も過去も、私たちが生きる世の中にはありません。未来と過去は、頭の中の世界でしかないのです。

それらをすべて手放して、今このときだけを生きる。それが禅的生活を送るということなのです。

玄関の靴をきちんと揃える

常に「今」という時間を精一杯生き切るため、ぜひ毎日行っていただきたいことがあります。それは、脱いだ靴を揃えるということ。

「なんだ、そんな小さなことか」。もしかしたら、そう思われるかもしれません。しかし、この小さなことができない人は、今という時間を大切にできない人と予想がつきます。お寺の玄関には、よく「脚下照顧《きゃっかしょうこ》」という言葉が掲げられています。これは禅語で、「自分の足元をよく見なさい」という教えです。つまり、「履物をきちんと揃えましょう」という意味です。

脱いだ靴を揃えるのにかかる時間はほんの数秒です。その気持ちさえあれば、ささっと整えることができるでしょう。実際、外出先では誰に言われなくても靴を揃える人が大半です。しかし、自宅では靴を脱いだら脱ぎっぱなしという人も多いのではないでしょうか。

脱いだ靴を揃えられない人は、「そんな小さなこと、どうだっていいじゃないか」という気持ちがあります。もしくは、忙しすぎて家に駆け込むから、靴のことなんて脱いだ瞬間に忘れているのかもしれません。

どちらにしても、その人の心は過去や未来に飛んでしまっていて、「今」というときを生きていないのです。

靴を揃える。それは、玄関先で心を今このときに戻すという行為なのです。心が乱れていたとしても、家に上がるときに靴を揃えるというひと手間をかけることで、気持ちを今ここに戻すことができるのです。

靴の揃え方ですが、つま先が家の上がり口のほうを向くことを「入船」、反対のほうを向いていることを「出船」と言います。上がるときに入船、つまり家の中のほうを向いて靴を脱ぎ、靴を揃えてくるっと180度反対側にまわし、出船の状態にするのが正しい靴の揃え方です。

自分の足元をいつも顧みること。小さな積み重ねを怠らない。「脚下照顧」という言葉は、いつも私たちにそんな教えを思い出させてくれます。お寺のように、この言葉を玄関先に貼っておくのもいいと思います。

自分の脱いだ靴を揃え、気持ちを今この場所に戻すこと。今日から始めてみてはいかがでしょうか。

涙が出るくらい本気で取り組む

前章で、結果ではなくプロセスを大事にするというお話をしました。

仮に、自分が評価する側であれば、他人のプロセスを評価することはできます。つまり、あなたが、努力をしましたが結果が伴わなかった人に対して、「この失敗を糧にして、次に成功すればいいのですよ」と言ってあげることはできるでしょう。

それでは、あなたが評価される側だった場合はどうでしょうか。自分から上司に「努力だけでも認めてほしい」というふうには、なかなか言えないと思います。もしも、会社や社会、もしくは家族の誰かが自分の努力を評価してくれないのであれば、自分自身で努力を認めてあげてください。

ただし、認めるのは自分自身が最善を尽くしたと迷いなく言えるときだけです。

私がよく大学生にお話しするのは、「嬉し涙でも悔し涙でもいい、涙が出るくらい最善を尽くしたか、自分に問いかけてください」ということです。

物事に本気で取り組んだのなら、成し遂げたときには嬉し涙がこぼれるし、失敗したときには「あんなに頑張ったのに」と悔し涙が出るものです。つまり、涙が出ないようでは、本気の度合いが足りなかったということなのです。

成功しても、失敗しても、涙が出ないのなら、それはどこか斜に構えていたのではないかと、自分に問いかけてみてください。

失敗してへらへら笑っていたり、「今回は本気を出さなかったから、失敗するってわかっていたよ」などと言うのは、「結局自分は何もやっていなかった」と言っているのと同じです。その場合は、自分を評価することなどできるわけがありません。

涙が出るほど取り組むことは、迷いのない状態のことです。無心の努力を続けていたということなのです。

禅の言葉に「水到渠成《すいとうきょせい》」というものがあります。水が流れるところには、自然と溝《みぞ》=渠ができるという意味です。

無心になって、あなたにできる最善の努力を続けてください。そうすれば、水が石にすら溝をつくるように、いつか必ず人生が開けていくことでしょう。

無心に打ち込めば、そのものになりきれる

禅ではよく、「そのものになりきりましょう」というお話が出てきます。これはどういう意味でしょうか。

「喫茶《きっさ》喫飯《きっぱん》」という禅語があります。これは、「茶を喫するときは茶を喫することそのものに、飯を喫するときは飯を喫することとそのものになりきる」ということ。つまり、無心にその行為をすることの大切さを説いているのです。

今、行っていることに対して、無心になる。他のことなど考える余地もないほど、その行動とひとつになる。そのような状態になったとき、気持ちは朝凪《あさなぎ》のように落ち着き、心は鏡のように澄みきる。そういう境地なのです。

私は庭園デザイナーとしての仕事もしています。その関係で、以前、小学生に箱庭づくりを教えたことがありました。

50センチ四方の箱を用意して、そこの中に自分の好きなように庭をつくってみ

ようというものです。最初に説明し、子どもたちに作業に取りかかってもらいました。すると、みんな瞳を輝かせて、砂や植物を配置し、自分の庭をつくり始めたのです。

みんな、頭の中に箱庭の完成図を持っているようで、夢中になって手を動かします。だれひとりとして、「褒められたい」とか「みんなよりいいものをつくりたい」という動機で動いてはいませんでした。子どもたちはただ一生懸命に、箱庭をつくる作業とひとつになっていたのです。

その姿は、感動的と言っていいくらい美しいものでした。何の計らいも雑念もなく、ひたすら手を動かす子どもたち。この姿にこそ、禅の精神があるのだと思いました。

さて、大人の世界でそこまで無心になることは、難しいと思いますか？

担当した仕事をやり遂げて出世したいという気持ちもあるでしょう。同僚よりもいいプロジェクト案を出したいという競争心も消せないかもしれません。

そんな計らいごとだらけの大人の世界でも、無心になることは可能だと、私は思います。何かを始めたら、ひたすらその内容だけに入り込んでしまえばいいのです。

「あまりやる気が起きないな」と思っても、ひたすら手を動かしているうちに、いつしか思考が研ぎ澄まされ、やる気が湧き上がってくることでしょう。これは「作業興奮」という名前で、脳科学などでも認知されているそうです。

「喫茶喫飯」の「喫する」という言葉は、ただ飲食をするという意味ではありません。仏様の心が息づいた、人生そのものを指しています。

「今」というときは、意識した瞬間にすでに過去になっているほど儚《はかな》いものです。しかし、だからこそ、「その瞬間にそのものになりきれるかどうか」「今、このときに没頭できるかどうか」ということを、禅では常に問うているのです。

「今度やる」はやらないのと同じ

これまでお伝えしましたように、禅とは「今」を重要視する教えです。

しかし、世の中の多くの人は、さまざまな理由をつけて、今というときを生きていないように感じられます。

なぜ「今」やらないのか。その理由としてよくあげられるのは、「やるときはやります」「チャンスが来たら、そのときはすぐに動きます」などです。

しかし、これは言い訳でしかありません。禅において、「今度やろう」の「今度」はないのです。「今やらなければ」。それが禅的な発想なのです。


チャンス、つまり縁というものは、富める人にも貧しい人にも、地位の高い人にも地位を持たない人にも、全員に平等にやってきます。たとえてみると、梅の木に吹く春風みたいなもの。しかし、春風が通り過ぎるときに、花を咲かせられる準備をしているかどうかは、それぞれの梅の木の状態によって違います。

寒空の中、花を咲かせる準備をしっかりしていた梅の木は、一瞬だけ吹いた春風にのせて、見事花を咲かせることができます。

しかし、最初の春風が吹いてから「よし、そろそろ花を咲かせる準備をしよう」と準備を始めたのでは、その春風には間に合いません。翌日からはまた冷たい風しか吹かないかもしれないのです。そうすると、花を咲かせられずにその木は終わってしまうのです。

その準備というのが、仏教でいうところの因、すなわち原因です。一瞬だけ吹いた春風が縁で、因と縁が結ばれて因縁となり、花を咲かせるのです。

つまり、良い縁をつかめるかどうかは、日ごろからしっかりと準備をしているかどうかにかかってくるのです。

日本に曹洞宗を伝えた大宗教哲学者の道元禅師（1200〜1253）の言葉にも「生死事大《しょうじじだい》　無情迅速《むじょうじんそく》」とあります。生まれてから死ぬまでの間、つまり人生とは大切なものであるのに、ときはあっという間に過ぎ去ってしまうという意味です。

禅の道場に木版《もっぱん》という鳴らし物がありますが、そこにもこの禅語が書かれており、常にこのことを肝に銘じることができるようになっています。今度、禅寺へ行かれたら、注意深く観察してみてください。

人には限られた時間しか与えられていません。この瞬間の積み上げが、その人の一生をつくるのだから、一瞬たりとも無駄にすることはできないはずです。それなのに「今度やろう」「明日からやればいい」なんて言っていていいのでしょうか。

人の縁、仕事の縁、異性との縁など、この世にはたくさんの縁があります。前述したように、それらは春風のように平等にやってきます。しかし、日ごろから縁をつかむ準備をしていないと、春風が通り過ぎたことすら気付かないかもしれません。

春風が吹いてから動いたのでは遅すぎます。ダラダラ過ごしてしまった時間は、二度と戻らないのです。

良い縁をつかむため、たった今、このときから、「今度やる」という言葉を封印してはいかがでしょうか。

小さなことを淡々と行う

人は何かを成し遂げようと目標を立てるとき、大きな目標を立てがちです。

たとえば、ダイエットをするとき、「体重を10キロ減らす！」という大きな目標を立てたり、それまで運動はしていないのに、いきなり「毎朝必ず30分ジョギングする」と決めたりします。

張り切ってダイエットを始めても、家族がケーキを買ってきてくれたら「今日くらいはいいか」と食べてしまったり、雨が降る朝には「今日はジョギング中止。もうちょっと寝よう」と、怠け心がついつい出てきてしまいます。

そして、「10キロ痩せようと思っていたのに、ケーキを食べたら体重が増えてしまった。もうやめよう」とか、「ジョギングを1回さぼったら、30分走るのが億劫《おっくう》になってしまった。天気が悪い日にはできないし、他の運動を探そう」というふうに、なし崩し的にダイエットから遠ざかってしまいます。

大きな目標を立てると、このような「オール・オア・ナッシング」の発想になりやすいのです。大きな目標にばかり目がいってしまい、コツコツとした日々の積み重ねを喜ぶ余裕がなくなってしまいます。

喜びがないため、ちょっとさぼっただけで「もうダメだ！」という気持ちになってしまい、ダイエットに失敗してしまうのです。

禅では、「よし、悟ってやろう」と意気込んで修行に臨んでも、悟りの境地にはたどり着けません。それよりも、無心になって目の前のことをひとつひとつ淡々とやっていくことで、気がついたら悟りの境地に達することができると言われています。これが、「無心帰大道《むしんにしてだいどうにきす》」という禅語です。

「10キロ痩せる」という大目標はひとまず忘れて、「食事は腹八分目にする」とか、「毎朝、少しの散歩の時間を取る」など、小さな目標を立ててみてください。

そして、その小さな目標に焦点を当てて、日々を過ごすのです。

それでも三日坊主で終わってしまう人は、ご褒美を取り入れてみてはいかがでしょうか。

竹は一定の長さで節をつくり、さらに伸びていきます。その節があるからこそ、竹はしなやかに成長していけるのです。その節のように、一定期間の努力のあとに、自分に小さなご褒美をあげるのです。

「毎日30分歩く」という小さな目標を1か月クリアすることができたら、ご褒美として小さな買い物を楽しむ。行きたかった場所に行く。映画館で好きな映画を観る。そんな楽しみが竹の節の役割を果たし、気持ちが折れるのを防いでくれます。

そしてある日、気がついたら理想の体重になっていた――。

そのほうが、過激なダイエットをするよりも健康的だし、リバウンドもなく、継続しやすいと思います。

後ほどお話ししますが、短期で生活習慣を変えようとは思わないことです。新しい習慣が身につくのは100日続けてからと言われています。何事も、100日続ける心構えで取り組んでください。

必要な情報は自分から取りに行く

今は、いろいろな情報が押し寄せてくる時代です。

普通に生活しているつもりでも、テレビやインターネットから、絶えずいろいろな情報が押し寄せてきます。

とくに外食したかったわけではないのに、テレビのグルメ番組を見たあとその お店に行ってみたくなったり、インターネットで調べ物をしているときに見つけた、最新ダイエットの広告に興味を持ってクリックしたり……。そんな経験は誰にでもあるのではないでしょうか。

昔はそうではありませんでした。自分で何か調べたいことがあっても、インターネット検索なんて便利なものはなかったので、自分で調べに出かけなければなりませんでした。図書館へ行って調べたり、その分野に詳しい人に話を聞きに行ったり、自分から情報を取りに行っていたのです。

もちろん、昔もコマーシャルはありましたが、今の比ではありません。現代は、インターネットが普及したこともあり、四六時中至るところで宣伝を目にします。検索サイトの広告や、ショッピングサイトの「あなたにおすすめの商品」など、なんとかクリックしてもらおうとあの手この手を使ってきます。最近はテレビコマーシャルでも「この言葉で検索してね」と、インターネットと連動した広告を展開することも多いようです。

買いたくなる、利用したくなるような情報が押し寄せてきて、私たちを取り囲みます。あまりにたくさんの情報にさらされていると、「これも欲しい、あれも欲しい……。ちょっと待って、私は本当は何がしたかったんだっけ?」というふうに、自分自身のことがわからなくなってしまうのです。

私たちはどうして、押し寄せてくる情報を受け入れ続けてしまうのでしょうか。それは、「今よりも、もっといい自分になりたい」「みんながやっているから、自分もやらないと不安だ」ということに縛られているからだと思います。

前章で心のメタボリックシンドロームの話をしましたが、それと同じことです。向こうからやってくる情報を受け入れて、さらにもっと情報を得ようとして自分で追いかけるようになると、たちまち「もっと、もっと」の執着のスパイラルにはまってしまいます。

みんなが持っているバッグを持たなくてはならないことはありません。平均的な収入でなければダメということもないのです。

あなたはあなたであって、他の誰かではないのです。あるべき姿そのままが、本当のあなたなのですから。

今の世の中、インターネットなしで生きるのは現実的ではないと思います。仕事や勉強で必要でしょうし、趣味の情報なども、図書館へ行ったり本を買ったりしなくても引き出すことができます。

インターネットは、うまく使えばとても便利な道具です。広告の渦に飲み込まれないように注意しながら、自分から必要な分の情報を取りに行く。そのことを意識して、常に少しの緊張感を持ちながら、ネットやテレビに接するようにしてください。

半眼の精神で、必要のないものを見ないようにする

坐禅《ざぜん》を組むとき、視線はだいたい45度の角度で斜め下を見ています。この目は半眼といって、昔でいうと、座れば三尺（約1メートル）立てば六尺前を見る角度です。

そして半眼とは、実はお釈迦様のまなざしと一緒なのです。

実際にやっていただけるとわかりますが、半眼にすると見えるものが限られます。視線を上げると全部見えるところが、半眼だと、その半分も見えないくらいです。とても心が落ち着くのです。

情報にも、半眼の精神で接すればいいと思います。必要のないものは、目に入らないようにする、または聞き流す。情報が多すぎて、あれもよさそう、これも良さそうと思ってしまっているから、何をやりたいのか、何が必要なのかがわからなくなってしまっているんです。

ただ情報だけを並べて、条件やスペックを比べることに没頭し、それが自分た

ちを苦しめているということに気付いていないのです。

たとえば、就職がいい例です。昔は今のようにネットなどで情報収集ができなかったため、学校の先生などに「あの会社、いいらしいから就職したらどうだ」などと言われて決めていました。あるいは、親の家業をそのまま継ぐことも多くありました。選ぶ範囲が非常に狭かったのですが、選択肢が少なく、比較対象するものがないのが当たり前だったため、迷うことなく、一途にその仕事に打ち込めたわけです。

今の人たちは、たくさんの仕事を比較して選べるようになりました。職業の内容も多岐にわたっていますし、同じ職種でも会社によって条件が異なってきます。そして、それをインターネットで簡単に比べることができる時代です。

このような状態だと、就職して働き始めてからも、「この会社で良かったのかな」「あっちの会社のほうが最近注目されているな。失敗した」などと、年がら年中迷いが生じます。その結果、就職して数か月から数年で辞めてしまう人がかなり多くなりました。

昔のように、職業の選択肢が少ない時代が良かったと言っているわけではありません。ただ、昔は簡単に他の会社と比較できなかったため、そこが自分の適所だと信じて仕事に打ち込むことができました。

今はどうでしょう。自分の選んだ道なのに、いつまでも他の会社と比べて、今やるべきことに一途に打ち込めていない人が多いのではないでしょうか。それこそが問題なのだと思います。

パートナー選びや子育てでも同様ですね。「友達の旦那さんは、うちの旦那よりも給料がいい」「あの家の子どもは、うちの子と同じ年なのにもう難しい計算ができる」。人はそんな比較をしたがりますが、そんなことをしても自分を苦しめるだけであって、まったく意味はありません。

比べないためには、心の目を半眼にして、不必要な情報が入ってこないようにするのがいちばんです。

一度は「ここで頑張ろう」と決めた就職先。「この人と一緒にやっていこう」と決めた家族です。余計な情報に踊らされず、ありのままを受け入れてください。

嫉妬心から自由になると、本当の自分が見えてくる

とある町に、幸せに暮らしている家族がいました。その家族は自分たちの暮らしに満足していましたが、ある日お隣さんが家を建て替えました。見るからに広くて快適そうな家です。

その家族の家は確かに築年数こそ経っていますが、家族の人数分の部屋もあり、それまでとくに不満はありませんでした。ところが、隣の新築住宅を見てから、奥さんはどうしても自分の家と比較するようになってしまいました。

「うちも建て替えるか、せめてリフォームしましょう。外観も汚れてきているし、キッチンだって最新式のものにしたいわ」

奥さんは旦那さんに言いますが、それまで家に不満はなかったので、旦那さんにはもちろん取り合ってもらえません。奥さんは旦那さんを説得するために、さらに隣の家と自分の家を比べます。

「お隣は全室フローリングでおしゃれなの。うちの和室もフローリングに替えな

い？」

「トイレも広々しているんですって。うちのトイレは狭くって困るわ」

「ちゃんとガレージもついているのよ。うちなんて車は雨ざらしじゃない」

奥さんは、それまでは和室にもトイレにも屋根のない駐車場にも、不満を持ったことはありませんでした。しかし、隣が家を建てたことで比較してしまい、どんどん自分の家が不満になっていったのです。

比べることにより、どんどん自分を苦しめてしまっているのですね。

新築の家が欲しい。そのような思いに縛られると、苦しむのは自分です。隣は隣、うちはうち。両方とも絶対なのですから、比べてはいけないのです。

家や車のような大きなものでなくても、私たちは日常的に他と自分を比べてしまいます。

たとえば、友人とレストランに行ってそれぞれ違うものを頼んだとします。運ばれてきた料理を見て、「あ、そっちのほうが美味しそう。こっちにして失敗した」と比較します。そして、そう思いながら食べると、本当は美味しい料理であっても、美味しく感じられなくなるのです。

人間というのは、どうしても比較したがるものです。しかし、比較が生み出すものは執着や嫉妬です。執着や嫉妬は人間の目を曇らせるため、やがては他の人の幸せが喜べなくなってきます。

禅語の「莫妄想《まくもうぞう》」は、対立的にとらえることをやめなさいとも教えています。AとBのふたつの事柄は、常に両方とも絶対的な存在です。絶対的存在を対立的にとらえることなど、意味はないのです。

まわりを見るのはかまいません。しかし、まわりと自分を比較することはやめましょう。この自分の目の前にあるものは絶対だと思うことです。

自分の人生は自分だけのものです。それだけで絶対なのだから、あなたはその人生を大切に一生懸命生きていけばいいのです。

欠けているものを悩むよりも、能力を高めることに集中する

人は、比較をしてしまいがちだとお話ししました。それは、言い換えれば、人は自分の欠けているところに目がいきやすいのかもしれません。

よく、「もし私がもっと美人だったら、素敵な恋人ができたのに」や、「もし、もっといい会社に就職していたら、同窓会で自慢できたのに」と言って悔しがる人がいます。自分が持っているものではなく、持っていないものに焦点を当てている状態です。いわゆる、ないものねだりです。

そのような考え方ですと、「自分にはあれが足りない、これも足りない」と、自分を卑下するようになってしまいます。そして、「あの人はいいなあ。私が欲しいものを持っている」と、人と自分を比べてうらやむようになってしまうのです。

以前、こんなデータを目にしました。人間は一生のうちに、持っている能力の20〜30パーセント弱くらいしか使っていないのだと。つまり、能力の7割以上は

一生のうちに使われることはないのです。

自分の能力のうち7割以上が使われていないというのに、自分に欠けているものを数え、他人をうらやんでいる場合でしょうか。それよりも、今25パーセントの能力を使っているのだとしたら、それを30パーセント、35パーセントと高めていくことに集中すればいいのです。

自分の中に眠っている能力を鍛えているうちに、きっと、自分に何が欠けているかなど気にもならなくなることでしょう。

それでは、自分の能力をどのように伸ばせばいいのでしょうか。

人にはそれぞれ、向き不向きというものがあります。「自分はこれが好きで、これをやっていると時間を忘れてしまう」というものが自分に向いているものです。

無心になってできるということは、そのものになりきっているということ。その得意なことに気付いて、どんどん伸ばしてあげてください。

自分が本当に何をやりたいのかがわからずに、手当たり次第資格を取る人もいるようです。しかし、それではどれも中途半端になってしまうでしょう。

それよりも、何かひとつ、自分の得意とするものを見つけて、そこを突き詰めていったほうが、必ずいい結果が生まれます。

「安心立命《あんじんりつめい》」という禅語は、「心を動かさず、自分に与えられた生き方をまっとうする」ことを説いています。

まずは、「好きで、没頭できること」をヒントにして、情熱を傾けることができるものを探すことから始めてはいかがでしょうか。

曖昧は寛容のこと、白黒決めなくてもいい

日本では昔から「八百万《やおよろず》の神」が信じられてきました。

自然にはすべて神が宿っているという神道の考え方で、太陽や山、木の股、米粒の中にまで神様がいるというものです。このようなたくさんの神様がいる宗教を「多神教」といいます。

「世界に神様はひとつだけである」とする一神教とは異なり、多神教では複数、ときに多数の神様が存在します。あれも神様、これも神様と、人々はたくさんの神様を受け入れているのです。

そのような、「受け入れる」という神道の考え方がベースとしてあったため、大陸から日本に仏教がやってきたときには、神道と仏教がどのようにしたら仲良くやっていけるのかと、人々は考えたわけです。

そこで現れたのが、本地垂迹説《ほんじすいじゃくせつ》です。八百万の神々は、仏様が化身として現れたものである、つまり、仏様が八百万の神々に姿を変えているという考え方です。

この、神様の姿をした仏様のことを権現様《ごんげん》といい、仏教と神道はお互いがお互いを認め合って、ずっとやってきていました。

日本にはたくさんの神宮寺がありますが、それは神社がつくったお寺のこと。日本では神様と仏様が習合して、独自の文化を築いてきたのです。したがって、神棚と仏壇が一緒にあるということも、日本の家庭では珍しくないのです。

日本では、「これだけが神様である」という考え方が存在せず、非常に曖昧にさまざまなものを受け入れてきました。よく「日本人は曖昧である」といわれますが、私はこの曖昧さは、日本人の寛容さの表れではないかと思うのです。

毎年12月になると、町はクリスマス一色となりますが、それも受け入れの土壌があったからでしょう。でも、キリスト教の人たちからすると、日本ではこれだけ盛大にクリスマスを祝ってくれて、キリスト教系の大学もたくさんあるのに、洗礼を受ける人が非常に少ないことが不思議でしょうがないわけです。

しかし、日本人はどの宗教や宗派に属しているかというよりも、それぞれが心の中に権現様を持っていればいいと考えています。確かに曖昧ではありますが、とても寛容な考え方でもあります。

曖昧という言葉は、あまりいい意味では使われません。しかし、はっきり線引きをしないことで、ふたつの異なるものがお互いにうまく折り合いをつけながら、共存していくこともあり得るのだと思います。

すべての事柄、すべての人を、好きか嫌いかのカテゴリーに入れなくてもいいではないかと私は思います。よほどの理由があって嫌うのならともかく、いったん「嫌い」のカテゴリーに入れてしまうと、そのこと、またはその人との関係はそこで終わりになってしまいます。

仏教は中庸です。右が左か決めなくてはならないときは決めますが、決めることによって両方の立場が悪くなってしまう場合などには、とにかくグレーだと判断して、お互い傷つかないようにします。

どうしても決めなくてはならないことでないのなら、白黒つけずにグレーゾーンで受け入れる。そんな寛容さがあってもいいのではないでしょうか。

受け入れて、進化させるから「強み」に変わる

多神教という文化が影響し、日本人は異なる宗教を寛容に受け入れるというお話をしましたが、日本人にとって、受け入れるという点で得意なことがもうひとつあります。それは、入ってきたものを自分たちのフィルターに通して色を変えるということです。

例をあげるなら、ラーメンです。中国にある麺は、日本のラーメンとは全然違います。

私が思うに、最初に麺が日本に伝わってきたころは、中国の麺そのままだったことでしょう。ところが当時の日本人は、それを自分たちの味覚のフィルターに一度通して、日本化させてしまった。ですから、日本では中国にはない麺が広がったのだと思います。

タラコパスタも同様です。イタリアからパスタの文化が来たわけですが、向こうにはタラコをからめたパスタなんてものはないわけです。しかし、「パスタは

タラコと一緒に食べたら美味しいのではないか」ということに気付いた人が、日本オリジナルの「タラコパスタ」なるものを誕生させ、日本で大人気になったのです。

このように、日本人は昔から、自ら独自のフィルターを通して受け入れることが得意な民族でした。だからこそ、独特な日本文化や日本ブランドというものが育まれてきたと言えるのです。

また、日本で修業したフランス料理のシェフが本場フランスで賞を取ったり、日本式のラーメンやカレーが世界中で人気を博すなど、日本化したものは世界に好んで受け入れられることが多いと思います。それはやはり、繊細さと器用さ、そしてセンスにおいて、日本人は素晴らしいものを持っているからでしょう。

これからも、自分たちのフィルターを通して新しい価値観をつくり、それを世界に広めていってほしいと思うのです。

第三章

体と生活を調えると、ネガティブ思考から抜け出せる

体と呼吸を調えれば、自然と心が調う

何かトラブルが起こったり仕事に追われたりしているとき、息が浅く速くなっていることに気付いたことはありませんか？

そんなとき、自分の体にも目を向けてみてください。前のめりで猫背になったり、上半身が縮こまったりしていないでしょうか。

そんなふうに、胸のあたりで浅い呼吸を繰り返していると、ストレスにさらされてざわざわした心はいつまでたっても収まりません。

「こんなに心がざわついているのだから、息が浅くなるのは仕方ない」

そう言う人もいるかもしれませんが、禅的には少し違った考え方をします。体が息に影響し、息が心に影響する。つまり、呼吸を調《ととの》えればおのずと心も調ってくるというものなのです。

これを「調身《ちょうしん》・調息《ちょうそく》・調心《ちょうしん》」と言います。身が調えば息が調い、息が調えば心が調うということです。これは、坐禅の基本でもあります。

心を調えるために最初にすることは、身（姿勢）を調えることです。基本的に、臍下丹田《せいかたんでん》というへその下二寸五分のところで呼吸をするのですが、猫背で前かがみになっていると、空気がそこまで届きません。肺だけを使った浅い呼吸になってしまいます。

頭のてっぺんと尾てい骨を意識して背筋を伸ばし、胸をぐっと開いて背骨がS字になるようにすると、臍下丹田での呼吸ができるようになります。

姿勢が調ったら、次は息を調えます。「呼吸」という字は、息を吐いて（呼）息を吸う（吸）と書きます。吸うよりも吐くほうが先に来ているのです。

よく、「深呼吸をしましょう」と言うとまず吸い込む人がいますが、実は反対で、先に体の中の息を出し切ったほうが、気持ちよく吸い込むことができるのです。

まずは口を少し開けて、思い切り息を吐いてみてください。そうすると、自然に息を吸い込むことができます。これを、「欠気一息《かんきいっそく》」と言います。それを2〜3回繰り返しているうちに、体の中の淀《よど》んだ空気、邪気のようなものがすべて出てしまいます。

長く細く息を吐くことに集中して、吐き切ったら自然の流れにまかせて息を吸う。慣れてくると、普通の方は安静にしている状態で1分間7～9回くらい呼吸するところが、3～4回になります。非常に落ち着いた、ゆっくりした呼吸になるのです。

その呼吸を繰り返していると、心が調います。気持ちが穏やかになり、安定してくるのです。呼吸のリズムは、体にまかせてかまいません。体の大きさやそのときの体調によって、体がいちばん心地よいリズムというのは変わってきますから。

丹田呼吸をするときは、鼻から吐いて鼻から吸うのですが、本当に慣れた方の呼吸を見ていると、吐く息がどこまでも一定しています。

冬の朝などは、息が白くなります。普通の方の吐く息は長くなったり短くなったり、太くなったり途切れたりするのに、坐禅に慣れている方は息が届く長さがだいたい同じなのです。臍下丹田の呼吸に慣れると、意識しなくても自然にそれができるようになるのです。

また、緊張して呼吸が浅くなると、血管が収縮して血流が減ります。そこで呼吸を調えると、血流が普段より増えるといわれています。

つまり、同じ実力を持っているふたりでも、緊張して呼吸が浅くなり血流が減った状態のAさんと、体と呼吸を調えて気持ちを落ち着かせたBさんとでは、Bさんのほうがドキドキせずにしっかりとしたパフォーマンスができて、良い結果を残すことができるのです。

こんな実験を本で読んだことがあります。小学生に簡単な足し算や引き算を1分間やってもらい、その正解率のデータを取ります。次に、小学生に椅子に座って椅子坐禅をして呼吸を調えてもらい、同じように計算をしてもらいます。すると、呼吸を調えてから計算をしたほうが、正解率がアップしていたのです。

スポーツの世界でもそのようです。ピッチャーとバッターが同じ実力だとしたら、呼吸が調っているほうが勝ちます。それは、オリンピックでも同じ。呼吸が調えば、持っている力が出し切れるのです。

禅の世界でも、呼吸を調えることは非常に大切な修行です。

生活の中で気持ちがざわついたりイラッとしたりしたときには、その気持ちを息とともにそっと吐き出して、新鮮な空気で体を満たしてはいかがでしょうか。

短時間でも、心を「空っぽ」にする時間をつくる

人は、次にやるべきこと、明日やるべきこと、将来やるべきことにとらわれがちです。すると「不安」が頭をもたげてきます。いつしか心がぺしゃんこになって、本当の自分の生きる軸を見失ってしまうことがないでしょうか。

そんなときこそ、1日5分でもいいですから、何も考えずに心を空っぽにする時間を持ってみましょう。

お坊さんが「心を空っぽに」と言うと、「無の境地ってこと？　難しそう、私には無理です」と思うかもしれませんが、そんなに難しく考えなくてもいいんです。要は、左耳から何か考えが流れ込んできたら、右耳から流してしまえばいいのです。

心を空っぽにしようとしているとき、もし何かが聞こえてきたり、何かがもやもやと浮かんできたりしても、そのままにしておけば自然に流れていってしまいます。それを、「考えてはいけない、頭に浮かんだ考えを消さなくては」と思っ

てしまうと、今度はその「考えてはいけない」という思考に自分が縛られてしまうのです。

こんなたとえがあります。水の中に小石をポーンと投げ込むと、波紋ができます。その波紋を止めなければいけないと思って手で押さえると、また新たなさざ波を生んでしまいます。それを止めようとさらに押さえると、波紋は際限なく、次から次へと生まれてしまいます。

しかし、最初の波紋を放っておけば、さざ波は自然に消えて、やがては鏡のような水面が現れます。頭の中の考えも一緒です。考えを消そうとせずに、体にまかせておけばいいのです。体のことは体がいちばんよく知っているのですから。

頭を空っぽにしようとしても、いろいろなことが頭に浮かんでくるでしょう。それは自然なことです。

あなたはそれを打ち消すのではなく、自然のままに、頭の反対側から流してしまえばいいのです。

頭の中に何もとどめなければ、気持ちがゆったりと安定していきます。これが坐禅の基本となるところです。

まわりのものにとらわれずに、頭の中をただ空っぽにする。それを短時間でも続けているうちに、何物にもとらわれない、自分という人間の本質が見えてきます。

このように自分自身を見つめることを続ければ、心が安定し、より穏やかな気持ちになれることでしょう。

嫌なことがあったら、すぐに反応せず一呼吸置く

会社の上司から理不尽な理由で怒られたり、家で夫と意見の食い違いがあったり、満員電車で新しい靴を踏まれたり……。イライラの種は、どこにでも転がっているものです。

自分は普通に生活しているつもりでも、イライラした人に八つ当たりされることもあるので、たまったものではありません。そんなとき、カーッと頭に血が上って文句を言ったり、反論したりする人も多いのではないでしょうか。

しかし、怒りにまかせてすぐに言い返したりすると、向こうもカチンときて、さらなる怒りをぶつけてきます。イライラがイライラを呼んで、どちら側にもいいことのない争いが始まってしまうのです。

そんなときは、先ほどの「水の中に投げ込まれた小石」のことを思い出してください。最初の小石のせいで波立った心は、どうすれば元通りの鏡のような水面に戻るでしょうか。そう、そのままにしておけばいいのです。

嫌なことがあっても、すぐに反応するから、売り言葉に買い言葉となってしまって、言わなくてもいいようなことまで言ってしまうことになる。頭に血が上って、カーッとなってしまうんですね。

たとえば頭にくるようなことがあったとしても、それをそのまま頭に上げてしまってはいけません。そんなときこそ、臍下丹田で呼吸をしてみてください。丹田呼吸をすると、怒りは頭に行かずにお腹のほうへ行きます。すると、それはお腹に入った時点でかなり収まってしまいます。こうして怒りを収めてしまえば、いたずらに他の人との摩擦を生まなくて済むわけです。

自分が何も言い返さなければ、相手だってそれ以上の言葉を発することはできなくなります。水面のさざ波は、こうして引いていきます。

「頭で考えてはいけません」

大本山總持寺の貫主をしていらっしゃった板橋興宗《こうしゅう》禅師さんも、そうおっしゃっていました。カチンとくることがあっても、その感情はお腹にとどめて、頭に持っていってはいけないということです。

「頭にくることがあったら、丹田で呼吸をしながら、『ありがとさん、ありがと

さん、ありがとさん』と3回唱えると、言おうとしていた言葉も怒りも、すべて引っこんでしまいますよ」

禅師さんはそうもおっしゃっていました。私をはじめ、多くの人は禅師さんが怒ったところを見たことがありません。

ほんの少しの間を置くだけで、怒りやストレスのかわりに、安らかな心を手に入れることができるのです。

写経や写仏で心を落ち着ける

お寺へお参りに行くと、掲示板などに写経《しゃきょう》や写仏《しゃぶつ》の案内が貼られていることがあります。しかし、写経という言葉は知っていても、実際に何をするのか知らない人は多いのではないでしょうか。

写経とは、読んで字のごとくお経を書写すること。昔、印刷技術がなかったころ、仏法を広めたり、修行のためにお経を書き写す必要があったときに行われたのが始まりとされています。

写経にはいくつか方法がありますが、入門の方がよくやるのは、「般若心経」などの経典が書かれたお手本の紙を白い紙の下に敷いて、その上から筆でなぞる方法です。長い時間をかけて、一文字一文字心をこめて、書き写していきます。

写仏も同様です。仏様のお姿が描かれた紙の上にまっさらな紙を敷いて、なぞっていきます。

写経をするときに、焦って書こうとしたり、「書かなくてはいけない」と思っていたりすると、心がざわざわ落ち着かないので、どんどん字が乱雑になってきます。写経というものは、心が穏やかでないとできないもの。逆にいうと、写経しているうちに心が穏やかになっていくものでもあるのです。

正式な方法は、経典と白い紙を自分の前に置いたら、まずは筆を手にはさんで合掌します。そして呼吸を調えて、心が落ち着くのを待つのです。書家が筆を下ろす前に、頭の中で描いているのと一緒です。そして気持ちが調ったら、グーッと書き出すのです。

書写している間、文字の意味は考えなくてかまいません。そこに何が書いてあるのか思考を巡らすより、ひたすら今このときに書いている文字に集中します。「書くこと」と自分を一体化させる、つまり、書くことになりきるのです。

最初は、「どうして自分は休みの日に文字をなぞっているのだろう、こんなことをして何の役に立つのだろう？」という疑問が湧いてくるかもしれません。

しかし、禅というものは「行《ぎょう》」なのです。考え方は限りなく哲学に近いのですが、禅では考えることよりも、行、つまり行動として毎日の生活の中に活《い》かしていく、考え方を体で体得していくことが大切とされているのです。「修行」という言葉も、行を修めるから修行なのです。

だから疑問が浮かんできても、頭の中にとどめないようにして、ただひたすら「書くこと」になりきってください。そうしているうちに、なんだか心地よくなってきて、穏やかな気持ちになってきます。腑《ふ》に落ちる、と言ってもいいかもしれません。

「今こうして写経をしている時間はとても尊くて貴重だ」ということを、体がストンと納得するようになるのです。経典《きょうてん》をすべて写し終わったころには、やりきったというすがすがしい充実感が体を満たしていることでしょう。

そういった、体や心、頭の状態に自分で気付くことが大切なのです。

慣れてくると、経典と白い紙を重ねるのではなく、薄いマス目だけが記された紙に写経することもあります。写仏も同様に行いますが、慣れてくるとお手本をなぞるのではなく、見ながら描けるようになります。お手本を使わずに自己修練としてそうしているのですね。

私の知っているご高齢の方は、友人がお亡くなりになると写経して、お供えしていらっしゃいます。

写経をすることで自分の気持ちに整理をつける。きっとそういう意味があるのだと思っています。

「夜は心配事はしない」という習慣をつける

以前、とある医療機器メーカーのイベントで、「禅式ねむり道場」という企画に参加したことがあります。私を含め3人が、睡眠中にどれだけ熟睡できているのかのデータをとり比較しました。

その結果によると、私がいちばん熟睡していたようで、睡眠時間中にどれだけ熟睡していたのかを示す「熟睡効率」では99パーセントという数字が出ました。普通の方は寝ていても浅い眠りだったり、夜中に目が覚めたりするようですが、私の場合は6時間の睡眠時間のうち、そのほとんどを熟睡していたということです。

前日の疲れを翌朝まで引きずることはまずありませんし、よく眠れているという実感はありましたが、まさかこれほどまでとは。自分でも少し驚きました。

眠りにおいて大切なことは、長さもさることながら、その深さです。たとえば7時間眠ったとしても、そのうち2～3時間程度しか熟睡していなければ、目が覚めたときにも疲れが残ってしまいます。

その反対で、ほんの数十分昼寝をしただけでとてもすっきりしたという経験はありませんか？　それはきっと、短いながらも深くぐっすり眠ったということなのでしょう。


眠りを深くするためには、まずは心配事を心から取り除くことです。とはいっても、眠る前にすべての心配事を解決させなさいというわけではありません。心配事があったとしても、眠る前には考えないようにするのです。

コツは、寝る30分くらい前から、物事を考えるのはやめるということです。いちばんいいのは、夜の坐禅、「夜坐《やざ》」です。それ以外でも、リラックスできることならなんでもいいのです。

ゆっくりしたテンポの好きな音楽を聞いたり、アロマを焚《た》いたり、読書をしたり。このとき、あまり刺激的な音楽や、犯人がわかるまで眠れなくなるような推理小説はやめましょう。

インターネットは、画面がチカチカと眩《まぶ》しすぎますし、ネットサーフィンを始めるとやめるのが大変ですので、眠る前にはふさわしくないですね。ゆったりとした気持ちでフェイドアウトできることを、30分くらい行います。

悩みについて考えるのもやめましょう。

ただでさえ、夜の闇は心配事を増幅させます。朝、冷静になって考えるとすぐに解決法が見つかるようなことでも、夜考えると、とてつもない恐怖に感じたりします。

ねむり道場で、あまり熟睡できていなかった他の方は、やはり寝る前に心配事がありました。

そのうちのおひとりは、翌朝の新幹線に乗り遅れてはいけないという意識が強すぎて、眠りが浅く、夜中に何度も目が覚めていました。このような場合は、目覚ましをいくつも用意しておくなどして、絶対に朝起きられる環境をつくっておけばいいのです。

遅れないように、遅れないようにと思っているから、眠りが浅くなるのであって、「朝、目覚ましが鳴ったときに起きれば、絶対新幹線に乗り遅れたりしない」とわかっていれば、それまでの時間、心配せずに眠ることができるのですから。

心配事というのは、悩んでいるだけで解決するものではありません。事前にやるだけのことをやったのであれば、「あとは、実際にことが起こったときに解決すればいい」と割り切ればいいのです。

それがなかなかできないのが人間なのですが、少なくとも寝る前の30分のフェイドアウトの時間は、熟睡の助けになると思います。

毎日、合掌することで、不動心をつくる

昔は多くの家にお仏壇がありました。

朝、お茶とお線香をお供えして手を合わせ、この1日を無事に過ごすことができるようにお祈りし、夜は1日無事に過ごせたことを、感謝の気持ちを持って報告していました。日々、感謝の気持ちを確認できる場所があるというのは、とても素晴らしいことだと思います。

今の社会では、ひとり暮らしをする機会が増えたり、実家とは別の場所で所帯を持つことが多くなってきたため、お仏壇に手を合わせる機会が減ってきました。そうなると、毎日手を合わせて感謝する機会も減ってしまいます。

日々手を合わせる場所を持つということは、心のよりどころを持つということ。どんなに気持ちを惑わすことがあったとしても、そこで手を合わせれば、ありのままの自分と対面できます。

家にお仏壇がないことで、心のよりどころまでなくなってしまうのは、残念な

ことだと思います。

だからといって、ひとり暮らしのワンルームに仏壇を置くことを勧めているわけではありません。それよりも、キャビネットの上でも、タンスの上でもいいから、手を合わせられる場所をつくって、毎日そこで自分と向き合ってほしいと思います。

その場所には、自分が大切にしているものを置きます。たとえば、お寺や神社のお札、離れて暮らす家族と撮った写真、大切な方からもらった思い出の品、尊敬する人の書などでもいいと思います。

それを部屋のいちばんいい場所において、そこを手を合わせる場所にします。そして、「今日1日無事に過ごせました。ありがとうございます」と感謝したり、「今日はこんなことがありました」と報告したりするのです。

合掌《がっしょう》には意味があります。右手は、仏様、または自分以外の方を表します。左手は自分自身です。そして、心をひとつにするのが、合掌の表しているものなのです。そして、心をひとつにした状態で、感謝したり、報告したりするのです。

そこは、あなたが本来の自分に帰り、清らかな気持ちになる場所。自分を誇示することなく、自分自身がありのままでいられる場所なのです。だから、家の中でいちばんきれいにする心づもりで、毎日その場所だけでもきれいに掃除しましょう。

お寺でも、ご本尊《ほんぞん》のまわりは、とくに念入りに掃除をします。このように、「ここだけは絶対にきれいな状態を保つぞ」という場所があると、それがどんどん広がって、いつしか家中がきれいになり、凛《りん》とした空気で満たされることでしょう。

毎日手を合わせていると、自分の心や行動に「何か違うな」ということがあれば、すぐに見つけることができます。気持ちのほころびに気付くことができるのです。

ほころびに気付かず、軌道修正しないまま突き進んでしまうと、自分が歩む道がずれていてもなかなか気付きませんが、日々自分を見つめ直す習慣があれば、「ちょっと違うかも」と感じたときにすぐに軌道修正できます。

また、良いことも悪いこともその場所に報告していると、多少のことでは気持ちが動じなくなってきます。毎日素《す》の自分と向き合うことで、精神が鍛えられてくるのかもしれません。

食べられることのありがたさを知ると、暴飲暴食しなくなる

精進《しょうじん》料理では、基本的に目・鼻・頭のあるものは食べません。禅の修行僧のことを雲水《うんすい》と呼ぶのですが、雲水修行中はとくに厳しく、肉や魚を食べることは絶対にありません。

雲水を終えると、食べるものはそれぞれの判断にまかされるようになります。私は、魚は食べますが肉はほとんど食べません。私は大学で教鞭をとっているため、学食でどうしても肉料理しかない場合には食べますが、基本的に野菜料理が中心です。

雲水の食事をご紹介しましょう。まず、朝はお粥《かゆ》と香菜《こうさい》（お新香）を少々。お粥にはゴマ塩をかけていただきます。ゴマとお塩を一対一で合わせ、火で煎《い》ったものをすってつくります。

お昼はご飯とお味噌汁、そして香菜少々。特別な日を除いておかずはありません。お寺によっては、ご飯に麦を混ぜています。昔は麦のほうが安かったからそ

うしていたのですが、麦はビタミンが多く含まれているので、脚気になりにくいのだそうです。ですから、麦のほうが高くなった現代でも麦入りのご飯が出ます。

夜はお昼と同じものに、おかずがつきます。別菜といって、煮たがんもどきを4つに切って、それをふた切れ。つまり、ひとり半分です。または人参や大根を煮たものがふた切れというときもあります。そのくらいです。

このように、雲水が食べる量はとても少ないです。

このような食生活を続けていると、食べられることのありがたさを身をもって知ることができます。頭ではなく、体で感じる。これこそが何よりも大切なことなのです。一方、普段当たり前にお腹いっぱいに食べていると、食べられないことがどれだけ大変かということに気付かなくなってしまうのです。

雲水生活は、自分がいいと思うまで続きます。1年の人もいれば、5年、10年の人もいます。私が雲水だったころには、20年も雲水修行を続けている方がいらっしゃいました。

「そんなに長い間こんな少ない食事を続けるの？」そう思う方もいらっしゃるかもしれません。確かに最初の3か月は、気が狂うほど、ものすごくお腹がすきます。それ以前、半月くらいで、だいたいみんな栄養失調か脚気か、どちらかになります。

しかし、3か月もすると体が慣れてきて、ものすごくお腹がすいた感じが少しずつなくなります。そうすると、脚気や栄養失調は自然に治ってしまいます。素人の考えですが、3か月くらいすると体が慣れて、胃袋が小さくなるのではないでしょうか。それに、消化の悪いものは一切食べていませんので、お腹を壊すこともありません。

その食事をしばらく続けていくと、頭がすっきりと冴《さ》えます。よく、「お昼ご飯を食べると眠くなる」と言う人がいますが、それは満腹になるから眠くなるのであって、満腹になるまで食べなければ眠くなることはありません。しかも、気力が増して、粘り強くもなります。

雲水の修行は、今まで当たり前だったものを徹底的に取り除いてしまうものです。睡眠もそうです。初めのうちは極度の緊張状態にありますので、1時間寝ただけで「寝坊しちゃったんじゃないか⁉」と、飛び起きたりします。そうすると、ゆっくり寝られることがいかにありがたいことか、わかってくるのです。

今まで当たり前だったことが全部取り除かれて、初めて「ありがたい」ということに気がつくようになります。それを、体で感じられるようになるのです。

雲水の食事をそのまま一般の方へお勧めするわけにはいきませんが、食事をするときには満腹になるまで食べず、腹八分目にしてみてはいかがでしょうか。

それから、できるだけ野菜を食べましょう。肉類ばかり食べていると、考え方や行動が攻撃的になります。よく、プロレスラーやボクサーは試合前に肉を食べて、戦いの意識を高めると言いますよね。逆に、試合前に野菜料理を食べると攻撃心が薄れてしまうのです。

このことからもわかるように、野菜中心の食事を心がけていると、心が穏やかになります。しかも、野菜にはメラニン色素が少ないので、肌が抜けるように白くなって色つやも良くなるし、体臭も少なくなってきます。

そう考えてみると、精進料理は女性にぴったりの食事なのではないでしょうか。

お粥も、古くから仏教で「十徳」があるとされてきた食べ物です。お粥を食べると、良いことが10個あるということです。

一　「色」　顔色、血色を良くする

二「力」体力をつける
三「寿」寿命をのばす
四「楽」体を楽にさせてくれる
五「詩清弁」頭が冴え、弁舌がさわやかになる
六「宿便除」食べたものが残らず、胸やけしない
七「風除」風邪をひかない
八「飢消」空腹を癒す
九「喝消」のどの渇きを癒す
十「大小便調適」お通じを良くする

このように、たくさんの功徳があるお粥パワーをぜひとも生活に取り入れてください。

「ながら食べ」をせずに、食べることに徹する

忙しい世の中です。ときには食事の時間さえもとれないほどに。

朝は新聞を読みながら食事をとり、昼は午後の会議の資料を読んだり、スマートフォンの書き込みを眺めながら、そして夜はバラエティ番組を見ながら……。そんな食事の仕方をしている人も多いのではないでしょうか。

今、目の前にある食事をいただくということは、自分が健やかに生きて、仏道を大成するために必要なこと。ですから、感謝していただきましょう。

大切な食べ物です。「ながら食べ」などせず、食べるときには食べることになりきってください。

禅寺では、食事の前に「五観《ごかん》の偈《げ》」というものを唱えます。それは以下のような偈文です。

一には功の多少を計り、彼《か》の来処《らいしょ》を量る。

二には己が徳行《とくぎょう》の、全欠《と》を忖《はか》って供《く》に応ず。
三には心を防ぎ過《とが》を離るることは、貪等《とんとう》を宗とす。
四には正に良薬を事とするは、形枯《ぎょうこ》を療ぜんが為なり。
五には成道《じょうどう》の為の故に、今此の食《じき》を受く。

これは、次のような意味を持ちます。

一、この食べ物が、多くの苦労や手間によってここに用意されたことを思って感謝します。
二、自分がこの食事をいただくのにふさわしいのか、反省し静かにいただきます。
三、むさぼりや愚かさを持たないことを誓います。
四、良薬をいただくかの如《ごと》く、いただきます。
五、己の修行を成し遂げるため、この食事をいただきます。

私たちはこの言葉を食事の前に唱え、そして器を額まで持ち上げてから食事をいただきます。

この言葉からもわかるように、食事とはただお腹を満たすためだけにするものではありません。食べることもまた修行のひとつです。

この「五観の偈」を紙に書いて、食卓に貼っておくと、気持ちが引き締まるのではないかと思います。

「ながら食べ」などせずに、今ここで食物をいただけることに感謝しながら、「いただきます」と一礼し、日々の食事を召し上がってみてください。

自分で料理して、素材を無駄なく使い切る

残業などで帰る時間が遅くなってしまったとき、「今日の夜ご飯、どうしようかな」と思ったとします。冷蔵庫に材料はありますが、疲れていて料理するのは面倒くさい。そんなとき、会社と家の間にたくさんあるコンビニやファミリーレストランに寄り道して、お弁当やインスタント食品を買ったり、あるいは定食を注文して食べたりしている人は多いと思います。

人間ですから、疲れて料理する気になれない日もあるでしょう。たまになら、そういう食事もいいと思います。

しかし、日常的にインスタント食品やファミレスのご飯を食べているのだとしたら、栄養のバランス的にも心配ですし、お金もかかります。もしかすると、料理の時間が取れるように生活を見直すときがきているのかもしれません。

私が雲水生活をしていたお寺では、修行僧たちがほとんどのおかずを手づくりしていました。

道元禅師が書かれた『典座教訓《てんぞきょうくん》』と『赴粥飯法《ふしゅくはんぽう》』という本があるのですが、その中に料理のことが事細かく書かれています。

たとえば、食材を無駄にしてはいけないということ。大根の皮やしっぽ、葉っぱにいたるまで、すべて使い切りましょうと説いています。ですから、大根の煮物をつくることがあったら、その皮は千切りにしてなますにし、葉っぱは漬物や味噌汁の具にします。

そういう生活を続けていると、野菜は捨てるところがほとんどないということにびっくりしますよ。

また、値段が高い、安いでその食材の扱いを変えてはならないということも、これらの本に記されています。「これは高級食材だから丁寧に扱わなければならない」とか、「これは安いからぞんざいに扱ってしまえ」というふうに、値段によって食材の扱い方を変えてはならないのです。

調味料も、塩やしょうゆ、味噌、酒、みりんなど、日本の昔ながらのものを一式そろえておくだけで、かなりバリエーション豊かなメニューがつくれるはずです。ダシにしても、顆粒のものを使わなくても、干しシイタケと昆布さえあれば、簡単に取れます。

張り切っていろいろな野菜を買ってきても、急にたくさんの食材を扱うのは難しいと思います。まずは1本の大根を買って、葉っぱからしっぽまで、すべて使い切ることから始めてみてはいかがでしょうか。

週に一度は、精進料理を食べる

お寺の料理といえば精進料理ですが、これはもともと、お坊さんへのお布施《ふせ》だった野菜や雑穀、豆類などを使った料理です。肉や魚はもちろん使っていませんが、大豆や雑穀などからタンパク質もとれますし、野菜からビタミンもとれます。精進料理とは、栄養のバランスをとりやすい料理なのです。修行僧が食べる量はほんのわずかですが、一般の方なら腹八分目くらいまで食べてもいいでしょう。

食事が欧米化してきて、毎日肉料理を食べている人も多くなってきました。また、ビニールハウスで育った旬《しゅん》以外の野菜や、南国から輸入されたフルーツなども手に入りやすくなり、食卓の季節感も薄れてきました。

ですが、やはり体にいちばんやさしいのは、自分の住む土地で育った食べ物であり、旬のものです。肉食も、毎日続けていると闘争心が湧きあがってきて、人によってはイライラすることもあるようです。

そこで私が提案したいのは、週に一度、精進料理に使われる食材で過ごしてみるということです。

白米に麦や雑穀を混ぜて、ふっくら炊き上げます。このとき、炊飯器ではなく土鍋で炊くと、さらに美味しくなるでしょう。おかずは簡単な精進料理をつくってもいいですし、野菜を蒸したり焼いたりしてシンプルに食べても、素材のそのものが味わえます。お味噌汁には、大根の葉っぱや豆腐を入れれば、ボリュームが出ます。

消化の良いものばかりですので、お腹にもたまらず、食後も体が重くなりません。満腹まで食べなければ、午後の眠気に襲われることもなく、心地よく1日を過ごせることでしょう。

普段食べているものが、心と体をつくっています。週に一度と言いましたが、野菜中心の日を週に二度、週に三度と増やしていけば、心が穏やかになり、体にも負担がかからなくなることでしょう。

昨日まで肉や魚を食べてきたのに、いきなり今日から野菜だけにすることは難しいと思います。「とりあえず、野菜料理が体と心にどんな変化を起こすのか見てみよう」という気持ちで、週に一度から始めてみてはいかがでしょうか。

予定のない休日は、時計を持たない生活を

今、何時か確認するとき、たいていの人は時計で確認しますね。最近では、腕時計を持たずに携帯電話やスマートフォンで確認する人も多いかもしれません。

お寺での生活は、基本的に時間がすべて決まっています。朝のお勤めの時間、昼ご飯の時間、就寝など、事細かく日課が決まっているのです。しかし、お寺には時計がありません。もちろん、打ち合わせなどで外部の人と使うことが多い部屋には壁時計がつけてありますが、その他の場所にはほとんどありません。

それでは、お坊さんはどのように時間を知るのでしょうか。それは、当番が「鳴らし物」を鳴らし、時間を知らせるのです。鐘や太鼓を鳴らして寺じゅうに時を告げると、みんな「お、時間になったぞ」と、今やっていることを切り上げて、次の行動に移るのです。

時計を見ない生活というのは、実は時間を有効に使えるのではないかと、私は思っています。時計を見ながら作業をすると、どうしても時計や時間に縛られて

しまうからです。

「もうこんな時間だ。でもまだこれしか終わっていない」「あと10分で次の作業に移らなくちゃいけない。急がないと」。そんなふうに考えるのは、時間に縛られている証拠です。

そのように、過ぎ去った時間や次の作業に思考を巡らせると、作業そのものになりきることは難しくなってしまいます。

時計を見ても見なくても、時間の流れる速さは同じです。しかし、大切なのは、そのときに従事している作業で時間を使い切るか、それとも時間に追われて焦ってしまうか、その違いなのです。

ちらちら時計を見ながら仕事をすると、時間に追われて、自分の行動が縛られてしまいます。そして「早く次のことをしなくては」という焦る気持ちが生まれて、本当にやるべきことが鮮明に見えなくなり、時間を使い切ることができなくなってしまうのです。

お寺では、時を告げる鐘が鳴ったら、それまで集中していた作業を切り上げて、次の時間にすぐに再開できるように途中の作業に印をつけておきます。ただし、

「あと5分あれば全部終わる」ときには、その作業を5分だけ延長して、次の予定を5分縮めて調整したりもします。そうしないと、次回、その5分ぶんの作業を終わらせるために、準備などを含めて15分くらいかかってしまいます。

これはルールに縛られるよりも、時間を使い切るという発想です。禅ではそれを「柔軟心《にゅうなんしん》」といいます。柔軟な心を持って、持っている時間を最大限に活かして使い切れば、時間はもっと濃いものになりますよ。

身近な観音様をまわって、プチ遍路を楽しむ

四国八十八か所を巡るお遍路《へんろ》の旅。一度は行ってみたいと思いつつ、現地へ行くだけでも時間がかかるのもまた事実。まとまったお休みが取れるならいいのですが、仕事や家庭があると、なかなか難しいかもしれません。

そんなとき、近くの観音様《かんのん》をめぐる小さな旅に出るのはいかがでしょうか。関東なら、秩父三十四観音、坂東三十三観音、関西なら西国三十三観音があります。これをすべて合わせると100になり、「日本百観音」といわれます。日本を代表する100の観音様を巡ったことになるのです。

巡礼すると、御朱印《ごしゅいん》をいただいたり、ハンコを押してもらったりします。最初から百観音を巡るのは大変ですから、自分の家に近い観音様から巡ってみるのがいいと思います。

「今回は日帰りで、3か所まわれたらいいな」くらいの気持ちで出かけてみましょう。もし途中で時間がなくなったら「今回のお寺は素敵だったから、あっとい

う間に時間が経って、2か所しかまわれなかった。でも、また来ればいいさ」というゆるい縛りで行動すればいいのです。あくまで、楽しみで行くのですから。

このような小さな旅行に出るとき、張り切って「よし、このお寺に行くのだから、下調べをばっちりして、近くの観光名所を全部見てみよう。ついでに、グルメサイトで人気のこのお店にも行って、お土産はここの和菓子にしよう」とリサーチをしっかりする人は多いですね。

ですが、私はあえて、下調べをせずに行ってみることをお勧めします。

今は、ガイドブックやインターネットなどでいろいろな情報が手に入りますが、あまり予備知識を持たずにお寺を順番に歩いていくと、「このお寺はこんな雰囲気なんだ」というのが、体で感じられます。

あらかじめ、お寺の見どころなどを押さえていくと、「次のお寺は庭がいらしい」ということがわかっていますから、実際に見たときの感激が少なくなってしまうのです。しかも、そのお寺に着くころには「その次のお寺は、竹林がいいらしいよ」と、そっちに気が行ってしまって、そのお寺を見ることそのものになりきれなくなってしまうのです。

それよりも、「このお寺に行ったら、思いがけずきれいな庭が広がっていて、言葉を失った」とか、「お堂に近づくにつれ、竹林の葉のこすれる音がして心地よかった」というふうに、その場所に行って初めて体で感じたほうが、感動もひとしおです。「ここではどんな景色との出会いがあるのだろう」という楽しみが増えます。

行った場所をネットにアップするのが目的になってしまっている人も多くいらっしゃいますね。写真を撮って、「○○へ来ました！」とフェイスブックへアップする。そうすると今度は、その写真に対する反応が気になってしまって、ちらちらとスマートフォンを見る。

せっかくその場所まで行ったのに、味わいつくしていないのです。それはとてももったいないことですね。

やはり何事も、自分の体で感じなければなりません。禅はその時間とひとつになり、自分の体で体得しようというものです。その時間の「主人公」になろうということなのです。

その場所でその時間を味わいつくして、もっと深く知りたいことができたら、そのときは家に帰ってから調べるのもいいと思います。体で感じてから調べると、興味がぐっと湧くものです。

食事や休憩も、「ここに行かなくちゃ、あそこでお土産を買わなくちゃ」と、ネットで集めた情報に振り回されるより、「このお寺の門前には、こんな小さくて素敵な茶屋があるんだ。ちょっと寄って行こう」と、その場での出会いを楽しむほうが心に余裕が生まれます。

もし、電車に乗っていくのが大変なら、地元の観光協会などに聞いてみるのもひとつの方法です。お正月の七福神巡りや寅の日の御開帳など、近くのお寺でやっているかもしれません。

観音様を巡っていたら、目の前に思いがけず素敵な庭が現れて感動し、そのあとに入った茶屋のご主人と言葉を交わしたのが非常に印象に残った——そんな、その場その場での出会いが、小さな旅の醍醐味《だいごみ》なのではないでしょうか。

ガイドブックを持たない旅に出る

私は講演などで、遠くの土地へ行く機会がよくあります。予定が詰まっているとき以外は、私はできるだけ、訪れた町を歩くようにしています。車は極力使わずに、町の人たちに混ざって歩くのです。そうすると、町のスピードみたいなものに気付きます。場所によって、人々の歩くペースがガラリと変わるのです。

面白いのは、東京でも町によってスピードに差があるということ。たとえば、渋谷はみんなとても速く歩きますね。きっと、「あそこに行こう」という目的地が決まっているのだと思います。

ところが銀座に行くと、たちまちゆっくりになるんです。昔の「銀ブラ」ではありませんが、みなさんウィンドーショッピングをしたり、散歩を楽しんでいるといった風情です。

歩いていると気付くのですが、路地の広さも、その町にとっていちばん心地よい幅になっています。京都では、路地を歩いていると、まっすぐではなく雁行《がんこう》（＝鈎《かぎ》の手に並ぶこと）していたりして、その奥にある長屋から、ペンペンと三味線を練習している音が聞こえてきたりします。そんなとき、「ああ、京都に来たんだな」と実感できます。

インターネットやガイドブックで、「観光に来たなら行くべき場所」「いちばんの人気スポット」が簡単にわかるようになりました。

しかし、それらの情報に飛びつくことによって、路地裏に垣間見える地元の人々の生活や、そのとき、その場所でしか見られない小さな自然の移り変わりなど、見えなくなってしまっていることも多いのではないかと思います。

ガイドブックを持たずに自分の足で町を歩きまわり、そのときにしかない出会いを堪能する。たまにはそんな旅をしてもいいのではないでしょうか。

第四章

「掃除」がありのままの自分を磨く

買い物で執着のスパイラルにはまらない

海外で生産されたものが大量に輸入され、洋服や雑貨、消耗品などが安く手に入るようになりました。雑誌では「自分へのご褒美にいかが？」と銘打って新商品を次々と紹介しています。近所のお店で手に入らないものは、ネットでワンクリックすれば、全国どこに住んでいても届きます。戦後、何もかもが不足していた日本からすると、現代は信じられないくらい、簡単にものが手に入るようになりました。

そんな中、買い物依存症という言葉も生まれました。いくら欲しいものを手に入れても、「もっと欲しい、もっと買いたい」という気持ちが消えずに、次から次へと買い続けてしまうことです。誰しも、衝動買いしたけれど一度も着ていない洋服や、そのときは欲しくてしょうがなかったのに、手に入れた途端色あせた雑貨などがあるでしょう。

これは、とてもわかりやすい「心のメタボ」の症状だと思います。

心のメタボとは、執着のこと。一度執着の世界にはまると、「どうしても欲しい」と思っていたものが手に入っても、満足することがなくなってしまいます。すぐに次の「欲しいもの」ができて、それを手に入れると、また次の欲しいものが出てきて……。次から次へと、際限なく欲しいものが現れる。洗濯機のようにぐるぐる振り回されて、そこから抜け出すことができない「執着のスパイラル」、または「欲望のスパイラル」にはまってしまうのです。

一度このスパイラルにはまり込むと、いくら買っても物欲がなくなることはなく、自分の心は疲れ果て、大切なお金はどんどん減ってしまいます。しかも、自分が執着のスパイラルにはまっていることにすら気付いていない人も、たくさんいるから厄介です。

執着のスパイラルにはまるきっかけは、他の人と比べて自分が劣っていると感じたり、他の人が持っているものをうらやましいと思ったりすることにあります。また、企業も巧みに買わせようと、あの手この手で攻めてきます。ブランドでは季節ごとに新作を出し、ネットショッピングでは広告をたくさん掲載し、欲しいという気持ちを掻《か》き立てます。買いたくなるように、気持ちがそそられるようにできているのです。

大切なことは、思わず手に取ってしまうような魅力的なものを目にしても、「必要なものは必要、要らないものは要らない」と、自分で判断できるかどうかです。そのためには、まずは深く呼吸をしてみましょう。そして、「欲しい」という気持ちから一歩引いて、本当の自分自身に問いかけるのです。

「これは、本当に必要？」

「今すぐに必要？」

「いつか使いたいのなら、今はまだ買わなくてもいいのでは？」

自分にそう問いかけると、たいていの場合は今すぐ必要なわけではなく、「あったらいいな」「これがあれば便利そう」というくらいの気持ちです。

どうしてもその商品が気になるのであれば、いったんメモしておいて、必要になったら買えばいいのです。衝動買いをして死蔵品にしてしまうよりも、そっちのほうがもののためにもなります。

お釈迦様が亡くなる前に説法したものを、のちに弟子たちがお経にまとめたものが「遺教経《ゆいきょうぎょう》」です。このお経の中に前述した「知足《ちそく》」という言葉が出てきます。「足るを知る」ということです。改めて説明します。

知足の人は地上に伏すといえどもなお安楽なりとす
不知足の者は天堂に処すといえどもまた意《こころ》にかなわず
不知足の者は富めりといえどもしかも貧し
知足の人は貧しといえどもしかも富めり
（中略）
これを知足と名づく

足ることを知っている人は、今ここにいて安楽を味わえますが、足ることを知らない人、つまり多欲な人は、どんなに富める暮らしをしても満足することがありません。まさに、執着のスパイラル、欲望のスパイラルを表していると思います。

今あるもので、本当に足りないのだろうか。執着のスパイラルにはまり、振り回されているだけなのではないか。衝動買いをしそうになったら、深呼吸をして、そのことを自分に問いかけてみてください。

人は裸で生まれ、何も持たずに旅立っていく

　執着のスパイラルについて、もうひとつお話ししておきましょう。

　禅語に「本来無《ほんらいむ》一物《いちもつ》」という言葉があります。人間はこの世に生まれてくるとき、何も持たずに生まれてきます。そして旅立つときも、何ひとつ持っていくことはできない。そんな教えを説いている言葉です。

　考えてみれば、旅立つときにすべてを今生《こんじょう》に置いていくのは、当たり前の話です。しかし、私たちは今持っているものに執着し続けて、持ち物をもっと増やそうとしてしまいます。新しいバッグが欲しい、流行の洋服が欲しい、車が欲しい、家が欲しい……。人間の欲望は、とどまることをしりません。

　手に入れたものが、本当は自分には必要のないものだったということもあるでしょう。しかし、一度手に入れたものには執着心が芽生えて、手放すのが難しくなります。

「買ったときに高かったから」

「もうちょっと痩せたら着られる洋服だから」

「いつか使うかもしれないし」

人は自分にこんな言い訳をしながら、必要のないものを買ってしまったという過ちを認めようとせず、すべて抱え込んでしまいます。

そんなときは、先に挙げた「本来無一物」という言葉を思い浮かべてみてください。それから、「無一物中無尽蔵《むいちもつちゅうむじんぞう》」という禅語を思ってください。これは、「人は本来何も持っていないのですが、その何物にも執着していない心の中に、あなたは無限の可能性を持っているのですよ」ということを説く禅語です。

たとえば今、自分が所有しているものをすべて失《な》くしてしまったとしても、生まれたときの状態に戻っただけ。いつだって、やり直すことはできるのです。

持っているものに執着するから失うことが怖いのであって、いつだって裸一貫から再スタートを切ることはできるのです。

一生懸命築き上げてきたものを失くすのは辛《つら》いことです。しかし、執着から解き放たれた心は、また無限の可能性を秘めています。その可能性を信じて、新しい一歩を踏み出してください。

日々の掃除を通して、陰徳を積む

いろいろな会社や施設へ行き、最初に入口の戸を抜けた瞬間に、「あれ、ここいい空気が満ちている」と感じたことはないでしょうか。逆に、「息をするのもはばかられるほど、空気がどんより淀んでいるな」というケースも。

その空気の違いは、その会社や施設の掃除が行き届いているかどうかで決まるのだと思います。きちんとした掃除をしているところは隅々まで掃き清められていて、凛とした空気が漂っています。逆に、掃除を二の次に考えているところは、どこかどんよりした、埃っぽい重い空気に感じられます。

前者の会社は、きっと掃除に対する意識が社員の間に行き届いているため、ちょっと汚れているとすぐに誰かがささっと掃除するのでしょう。後者の、空気が淀んでいるところは、汚れているのに気がついても「きっと他の人がやってくれるだろう」と、誰も手をつけないままそうなってしまったのかもしれません。

清掃の業者が入っている会社でも、淀んだ空気は感じられます。晴れているのに満杯の傘立てや、入口に積み上げられた数日分の郵便物が空気を淀ませてしまい、社員たちからも「掃除とか、自分たちの仕事じゃないことはやりたくない」という雰囲気がにじみ出てしまうからです。

掃除は、「掃除をしましたよ、見てください」というものではありません。自分が納得して、心地よくなるために行うものですから、人に見えていなくてもいいのです。むしろ、人には見えないところを一生懸命やると、掃除を通して陰徳を積むことができると、私は思うのです。

陰徳とは、人に隠れてよい行いをすること。たとえば、数年前のクリスマス、「伊達直人より」と書かれたランドセルが児童相談所に届き、全国的な「タイガーマスク運動」に発展しました。あの最初の「伊達直人」と名乗った人物が行ったことは、まぎれもなく陰徳だと思うのです。

寄付をしようとするとき、「私はこれだけ寄付をしたのだから、名前を大きく書いてください」というのは陰徳ではありません。それは、「自我」です。「少ないけれど、このお金を使ってください」と言って、名前を聞かれても答えない。寄付をした時点で、自分自身は心地よくなっているわけですから、それ以上のものは求めない。そのような奥ゆかしい行為こそが陰徳なのです。

そして、このような気持ちを育むのに、掃除はうってつけだと私は思うのです。

もし会社の汚れに気がついたら、「なんで私がやらなくてはいけないの?」ではなく、陰徳を積むつもりで掃除をしてみましょう。

掃除をしたあとの心地よさを知れば、実は掃除は「やってあげている」ものではなく、「させてもらっている」ものだと気付くでしょう。

積み上げた陰徳はいつしかあなたからにじみ出るようになり、同じように陰徳を積んだ素晴らしい方たちが集まってくるようになるはずです。

やらなければならないことに、縛られない

現代の生活には、こなさなければならない仕事がたくさんあります。めまぐるしく流れていく毎日の中で、「あれもしなければ、これもしなければ。ああ、時間が足りない」と、〝やらなければならないこと〟にがんじがらめになって、一歩を踏み出せずにいる方も多いのではないでしょうか。

頭の中で「やらなくちゃ」が駆け巡っていると、そのやらなければならないことの山がどんどん大きくなってしまいます。「今、何をやるか」とひとつのことに集中すればいいのですが、「こんなにいろんなことをやらなければならない」と考えてしまうと、やる気がなくなってしまうんですね。

たとえば、どんなに美味しい食べ物でも、お皿に山盛りにして出されて「これ全部食べてください」と言われたら「ちょっとそれは……」と引いてしまいます。あまり好きでない食べ物ならなおのこと。「食べなくちゃ、食べなくちゃ」と思いながらも、なかなか手がつけられなくなるのではないでしょうか。

これは、「やらなければならない」ということに自分が縛られてしまっていて、具体的にどの仕事からどのように片付けていけばいいのかが見えなくなってしまっているのです。

全体の仕事量の大きさにとらわれてしまい、取りかかるべき小さくて具体的な仕事が見えない状態なのです。

禅的なやり方では、まず「全体の大きさはこれくらいだけれど、今やらなければならないのはこれだな」と考えます。そして、とにかくその小さな仕事に集中していくのです。

他の仕事や家事を同時進行させなければならない場合もあるかもしれませんが、できるだけ目の前のひとつのことに集中してください。そして、その仕事のひとつの区切りまで一気に片付けてしまい、それから次の仕事に移るのです。

区切りまで我慢できずに、気の向くままいろいろな仕事に手を出してしまうと、物理的に収集がつかなくなってしまうし、何より「やらなきゃ、やらなきゃ」という気持ちが大きくなってしまって、心がついていけなくなってしまいます。

先ほどの料理の話でいえば、その山盛りの料理を小さなお皿に取り分けて、

「今回はこれだけ食べてください」と言われたらどうでしょう。この小さなお皿にのっている以外にも、たくさん料理が残っていることはわかっていたとしても、今はこの小さなお皿にのっている分だけ食べればいいのです。

毎日、目の前に出された小さなお皿に集中していたら、自分は普通の分量を食べているつもりでも、山盛りの量はどんどん減っていきます。ふと気がついたときには、「うわ、こんなに食べたんだ」というくらい、量が減っているでしょう。

仕事や家事もそれと同じ。「あれもやらなくちゃ、これもやらなくちゃ」と心が焦ってしまうと、それだけでもうアップアップの状態になってしまいます。山積みされたその量にびっくりしてしまい、自分で一歩が踏み出せなくなってしまうのです。

頭の中でつくり上げられた「やらなくてはならないこと」は、実は実際にやらなければならないこととは別物です。そんな実態のないものを恐れて体が動かなくなってしまうよりも、目の前のひとつのこと、小さなお皿にのせられた料理に集中していれば、いつの間にか、仕事は終わっているものなのです。

仕事がAからZまであるのならば、その山の大きさに恐れおののくのではなく、

AならAを必死になってやる。Aが終わったあとは、Bを必死になってやる。それだけに専念していると、気がつけば半分くらい終わっていることでしょう。

仕事は自分の限られた時間の中でしかできません。ですから、その限られた時間の中で、気持ちを散漫することなくひとつのことに集中し続ければいいのです。気がつけば、階段を一歩一歩上っていくように、あなたの後ろには結果が残されていくことでしょう。

「空の空間」をつくり、生活に季節を取り入れる

平安時代、貴族たちは寝殿造りと呼ばれる建築様式で暮らしていました。これは柱と梁《はり》と桁《けた》だけの建築物で、壁はなく、そのかわりに蔀戸《しとみど》と呼ばれる引き上げるタイプの戸を建具として取りつけていました。つまり、柱と柱の間はすべて開いています。このころから、建物と外との関係性が強かったことがうかがえます。

その時代の装飾は色あでやかで、一言で表現するなら「雅」でしょう。襲色目《かさねいろめ》といって、桜色を表現するために赤い布の上に白い透けた布を重ねるなど、おしゃれを好む時代だったのです。

しかし、鎌倉時代に入り武士が勢力を増すと、価値観も変化してきます。武士たちが支持した禅が、建築様式にも影響してきたのです。余分な装飾や調度品はすべてなくし、柱や梁などによって造り出される空間そのものに美を求めるようになってくるのです。

それまでは調度品として置かれていた机も、造りつけの家具として建物と一体

化するようになります。それが書院造りです。机を造りつけてしまうわけですから、素材の美しさや空間そのものの美しさをさらに追求するようになっていきます。

そんな日本の建築空間の中でいちばん尊いとされたのが、外の季節を室内に取りこむこと。建物の中にいても、外にいるのと同じように感じられるようにするのが尊くて美しいのです。春であれば、春そのものが建物の中まで入ってくることが、価値のあることだったのです。

屛風《びょうぶ》には花見の様子が描かれており、お膳には桜の蒔絵《まきえ》。器も春を満喫できるようなものを揃えて、旬の食材を盛り付けます。そこで生活する人の着物も、春を彷彿《ほうふつ》させる柄。そうなると、生活空間そのものが春づくしになるのです。

その季節を取り入れるためには、もともとの生活空間に余計な装飾がないほうがいいですよね。そのため、建物はできるだけ簡素にしていました。

これが、「空《うつ》の空間」と呼ばれるもの。季節を問わず、空間そのものがシンプルで美しいのです。

また、外の景色を取り込むために考えられたのは、西洋などで「ピクチャーフレーム」と呼ばれるもの。軒の線と床、あるいは鴨居と床と柱でフレームを造り、庭を眺められるようにしました。こうすると、季節感あふれる庭が一幅《いっぷく》の絵となって、そのまま家の中まで入ってくるのです。

このように日本人は、生活を季節と一体化させることが尊いということを、1000年以上の歴史の中から見つけ出し、取り入れてきました。現代のライフスタイルでは、調度品すべてを季節のものにするのは無理かもしれませんが、工夫次第で季節感あふれる暮らしができます。

そのために必要なことは、余分なものを取り除いた空の空間をつくり上げること。まずは引き算からスタートするのです。さまざまなものであふれた部屋では、季節感を味わうことはできないのですから。

気持ちさえあれば、道具がなくても今すぐに始められる

「今をもっと大切に生きたい」「毎日掃除をして、きれいな空間で暮らしたい」というような生活に密着した願いから、「今は趣味でお菓子をつくっていますが、いつか自分の店を持ちたい」という将来の夢まで、人が前を向いて人生を歩いていくにためは希望が必要です。

その希望のことを、仏教の言葉で「発心《ほっしん》」と言います。物事を始めるために心を発すること、頑張ってみようと強く思うことです。現代の言葉では、モチベーションが近いかもしれません。

しかし、夢を心に抱いたとしても、夢のための一歩を踏み出すことは、誰にでもできることではありません。夢や目標を持つだけでしたら、心の中だけでもできますが、そのために踏み出すには、行動を伴うからです。

夢を行動につなげることのできない人は、しばしし、その理由を外的要因のせいにして、言い訳を始めます。

「子どもがいてすぐに散らかすから、掃除をしても意味がないの」

「お店を開きたいんだけど、お金がないから諦めているの」

しかし、これは本当に一歩を踏み出せない原因なのでしょうか。

子どもが原因で掃除ができないのであれば、子どもにも掃除を教えて一緒にやればいいのですし、本当にお店を開きたいのであれば、働いて資金をためたり、助成金について調べたりできるはずです。

自分が夢や目標に向かって歩き出せないのは、自分の能力が足りないからでも、環境のせいでも、他人のせいでもありません。自分が何もしないから、いつまでたっても同じ場所から動けないのです。

「直心是道場《じきしんこれどうじょう》」という言葉があります。「直心」とは、自分のありのままの心のことです。自分の心が決まっていれば、条件が整っていなくても、なんでもなすことができるのです。大切なことは、「やり遂げよう」という自分の気持ちなのです。

経済的に豊かになった日本では、何かを始めるときに、まず形から入ろうとします。自炊をしようと思い立って鍋やフライパンを一式揃えたり、絵がうまくなりたいと思ってプロが使うような高級鉛筆セットを買い求めたり。

しかし、自分の気持ちさえあれば、そんなものを揃える必要はありません。鍋は万能鍋がひとつあればいいのですし、絵だって、紙と鉛筆さえあれば、いくらでも練習することができます。

同じような言葉に「歩々是道場《ほほこれどうじょう》」もあります。修行の場は、静かに整えられたお堂の中という先入観を持ちがちですが、実は歩くところすべてが道場になり得るということを説いています。

「あれがない、これがない」とないものを数えないで、今あるものに目を向けてください。「鉛筆があるから絵を描こう」「フライパンひとつでできる料理をすべてマスターしよう」と思うことができれば、踏み出すべき一歩目が見えてくるはずです。

心を磨くために、無心で掃除をする

禅寺では、毎日朝と事あるごとに掃除を行います。境内を掃き清め、修行僧たちが横並びになって水拭《みずぶ》きをします。雑巾《ぞうきん》がけです。本堂のご本尊のまわりはとくに念入りに、塵《ちり》が一切残らないようにきれいに拭くのです。

徹底した掃除を1日何回も行っていますので、塵や埃はほとんどつきません。それでも、修行僧たちは念入りに掃除を行います。掃除は汚れたからするものではないからです。

掃除とは、自分の心を磨くためのもの。唐時代の百丈禅師は、掃除を坐禅と同じくらい大切な修行であるとしています。修行僧たちは「己の心を磨くように、床を磨きなさい」と教えられ、それを実行しているのです。

「心を磨く」などと言うと、禅について思いを巡らしながら掃除をしていると思われるでしょうか？　実は、そうではありません。

廊下を磨くときは、廊下を磨くことだけ。庭を掃くときは、庭を掃くことだけ。

修行僧たちは、今自分がしている掃除に没頭し、掃くことや磨くことそのものになりきっているのです。

「なんで毎日こんなに掃除をしなくてはいけないんだ」

もしあなたがそう考えながら掃除をしているのでしたら、いつまでたっても掃除は苦役でしかありません。

最初はいろいろな思いが頭を横切るかもしれませんが、それでもひたすら無心に手を動かしていると、いつの間にか掃除そのものになっている瞬間が来るでしょう。そのとき、掃除は心を磨く修行となっているのです。

また、誰もが嫌がる掃除もありますね。トイレ掃除などがそのいい例です。しかし、禅ではトイレのことを「東司《とうす》」と呼び、私語が禁じられている大切な場所とされています。トイレの神様と称されることも多い烏枢沙摩明王《うすさまみょうおう》様をはじめ、東司で悟りを開いた方も少なくありません。

何も考えずにひたすら動かしていた手を止めて、自分の磨いた床を見ると、「ああ、気持ちがいいな」と、すがすがしい気分になります。それは、あなたの心が輝いているからです。

掃除が終わったあとの空間は、凛とした空気に満ちています。少しピリッとした、思わず背筋を伸ばしたくなるような感覚です。

仕事や家庭がある方にとって、1日に何回も徹底的に掃除をするのは難しいかもしれません。そんなときは、朝のトイレ掃除だけでも習慣にしてみてはいかがでしょうか。

毎日、掃除したあとのすがすがしい空気に触れていれば、心にモヤモヤがあったとしても晴れていくはずです。そして、いつの間にか磨かれている自分の心に気がつくことでしょう。

使うたびにリセットすれば、次の作業が簡単に始められる

あなたが毎日仕事や作業をする場所はどこでしょうか？

働いている人なら会社のデスク、家で働いているのなら仕事用のスペース、縫物などをよくする人ならミシンテーブルと、それぞれの方に定位置があると思います。

さて、1日が終わったあと、その定位置はどのような状態になっているでしょうか。

使ったものをすべて元の場所に戻し、スッキリ整頓されている状態なら問題ありませんが、中には整理することが苦手で、使ったものをそのままの状態で置いておく人もいらっしゃいます。机の上に書類が広げられていて、まだ会社にいるかのような状態なのに、本人はとっくに帰宅していた……なんてこともありますね。

「私はこの状態で大丈夫です。資料を出しておいたほうが、明日の朝すぐに仕事

に取りかかれるし」

そんな声も聞こえてきそうですが、効率よく仕事を進めるためには、まずは机の上が整っていなければなりません。雑然とした机の上や仕事スペースは、資料を広げようにも広がらなかったり、探し物が見つからなかったりして、知らない間に心にイライラの種を植え付けてしまうのです。

机の状態は、その持ち主の心とリンクしていると私は思います。机の上が片付いている人は、スッキリ整頓された頭で仕事に取りかかれる人。机の上が散らかっている人は、頭の中も同様にごちゃごちゃしていて、なかなかひとつのことに集中できない人なのではないでしょうか。

ここで、ちょっと考え方を変えてみましょう。机の上が散らかっている人は、1日が終わったあと、「後片付けをしなくては」と思うから、なかなか実行に移せないのではないでしょうか。

そこで、後片付けではなく「明日も気持ちよく仕事に取りかかれるように、机の上をリセットしよう」と考えてみてはいかがでしょう。こうすれば、机の上と同時に気持ちまでリセットできます。

作業が終わったままの状態で机を放置すると、どうしても、仕事が終わったという気分を味わいにくいのです。そこを、いったんリセットすれば、「これで今日の仕事は終わり。帰って家族との時間を過ごそう」と、今を大切にすることにも繋がります。

翌日、会社へ来ると、何もない机があなたを出迎えてくれるはずです。「日々《ひび》新又日新《あらたにしてまたひにあらたなり》」という禅語がありますが、これは、毎日が違う1日であるという意味の言葉。

前日に机をリセットするだけで、次の朝、まっさらな1日が始まったことを実感できるでしょう。

掃除は居間や寝室よりも、まず玄関から

鎌倉時代に広がった禅宗は、当時の建築様式にも影響を与えました。代表的なものは前述した書院造り。机などを造りつけた部屋は、この時代に現れました。もうひとつ、この時代に生まれた様式があります。書院造りは現代の一般家庭ではほとんど見かけなくなりましたが、この時代に生まれたもうひとつの様式は、現代でも重要な意味を持っています。

それは、「玄関」です。

この時代、茶人、歌人、絵描き、能楽師《のうがくし》など、さまざまな人が禅寺に通っていました。寺は文化サロン、または文化学校のような役割も持ち、禅はものすごい勢いで花開いていきました。

そして住職は、「方丈《ほうじょう》」という建物の「住持の間」に親しい人を招き入れ、文化的な時間を過ごしていました。その方丈と呼ばれる建物に初めて現れたのが玄関なのです。

玄関というのは、「玄妙《げんみょう》に入る関」が語源です。玄妙とは、奥深く、趣が優れていることで、玄関とは禅の修行に入るための関門です。それまで玄関はなく、庭から階段をとんとんと上がって建物に入っていたのですが、玄関ができたことにより、気持ちを整え、襟《えり》を正して入っていく関所が建物に現れたのです。それを武士たちが自分たちの住居に取り入れるようになりました。それが時を経て一般家庭にも伝わったのです。

現代はどの家にも玄関はありますが、そのもともとの意味をご存じの方はそう多くないかもしれません。玄関というのは、いろいろなものを置きたくなってしまう場所であるため、乱れがちでもあります。

しかし、玄関はそこに住んでいる人の〝顔〟が出てくる場所です。戸を開けたときに、キリッとしたいい空気が満ちあふれていたら、それだけで気持ちが切り替わります。

さて、あなたの家の玄関は、どんな状態でしょうか。

傘立ての中に、家族の人数分以上の傘が突っ込んだままになっていませんか？　靴が脱ぎ捨てられていませんか？　受け取った宅配便が、そのまま置かれていませんか？　普段は履かない靴が出しっぱなしになっていませんか？

また、玄関は自分の趣味や教養が表れる場所でもあります。

大切な置物を置く。人をお迎えするときは、その方が好きな花を一輪飾る。お皿などを飾るにしても、季節ごとに柄を変え、外の自然を取り込むのも素晴らしいと思います。

禅寺の玄関では、お線香を1本。お客さまが通り過ぎると、ふわっと香りが行きわたるようにしています。または、小皿に塩を盛って盛り塩にし、空気を浄化するのです。夏の打ち水も、盛り塩と同じように空気を浄化する効果があります。

靴も傘も、使ってそのままにしてしまうと、玄関はどんどん乱れてしまいます。靴を揃えておくのは、ほんの数秒しかかかりません。それで心地よさが全然違ってくるのです。

家の中でどこから掃除をしようかと考えたとき、どうしてもいつも自分たちが身を置く居間や寝室から始めがちです。しかし、先ほども申し上げたように、玄関とは玄妙に入る関。一度、徹底的にきれいにすれば、そこを通るたびに自分の気持ちも変わっていくかもしれません。

朝の5分掃除こそ、快適な1日のスタート

1日を心地よくスタートさせるためには、やはり朝の過ごし方が重要となってきます。朝の時間を充実させることは、それから始まる1日をいい方向に展開させていくことなのです。

そこで、私がお勧めしたいのは、朝の掃除です。

「朝はいつも時間が足りないから、掃除なんてしていられない」

そういう声が聞こえてきそうですが、その通りです。朝、気持ちに余裕がないと、掃除することはできません。だからこそ、気持ちに余裕がある朝を過ごせれば、その後1日、余裕を持って過ごせます。

逆に、朝起きたときから「間に合わない！」と思って過ごしていると、追われるような感覚に陥って、忘れ物をしたり足をくじいたりしてしまいます。「寝坊した、遅刻だ！」というスタートを切ると、それを取り戻そうとするから行動が空回りしてしまって、結果的に「今日はついていない1日だった」となってしま

います。

気持ちの余裕は、人が考えている以上に大切なことなのです。

まずは朝、余裕を持つことから始めましょう。朝はいちばん大切な時間であると意識して、無理のない範囲で早寝早起きをしてみてください。

朝起きてすぐ、時計がわりにテレビをつける人も多いのではないでしょうか。画面の隅に表示されている時計は便利かもしれませんが、時計とニュースをチラチラ見ながら「もうこんな時間。会社へ行く準備をしないと」と支度をするのは、今このときを生きていることにはなりません。

朝、起きてすぐにテレビをつけるのはやめましょう。そのかわりに朝一番で窓を開け放ち、新鮮な空気を部屋に入れます。そして、5分でも10分でもいいですから掃除をしてみてください。

「一掃除《いちそうじ》二《に》信心《しんじん》」という禅語がありますが、これは「まずは掃除、信心は掃除が済んでからのことです」と説いています。塵や埃を払い、拭き清め、空間を整えてこそ、心が調い、信心も生まれるのです。

「5分や10分の掃除では、部屋はきれいにならないよ。もっとちゃんと時間を取って掃除しないと」——もしかしたら、そんなふうに思っていませんか。実はそれは先入観で、実際はほんの少しの時間でも専念してやっていると、驚くほどきれいになります。

月曜は玄関、火曜はトイレ、水曜は台所と掃除をする場所を決めてしまえば、朝、思い悩むことなく動けます。

「たった5分じゃ何もできない」と考えている人は、きっと5分を活かそうと考えたことがないのでしょう。確かに、テレビを見ていたら5分はあっという間です。しかし、無心に掃除をすることで5分の持つ可能性がわかります。

そして、軽やかですがすがしい気分で1日をスタートさせれば、いつもより成果のある1日を過ごせるに違いありません。

あなたの部屋は、あなたの心を映す鏡

部屋をきれいに整えましょうと言うと、こう反論する人がいます。

「部屋は散らかっていますけど、誰にも迷惑をかけないいんだからいいじゃないですか」

「まえがき」でも述べたように、誰にも迷惑をかけないと思っていても、実はひとりに迷惑をかけています。それは、他でもないあなたです。散らかっている部屋は、あなた自身に悪影響を与えているのです。

部屋は、あなたの心の状態を映し出しています。すっきり整えられている部屋に暮らす人は、精神状態も調っていて、自分のやりたいこと、するべきことがわかっています。

反対に、洋服や雑誌、生活雑貨などが山積みになっている部屋に暮らす人は、いつも何かに追われるように焦り、イライラし、集中できていないのではないでしょうか。

もともとは、そのような心の状態が、散らかった部屋をつくり出したのかもしれません。仕事でのストレスが続いて、家に帰っても何もやる気が出ないときなどは、確かに散らかりやすいです。

しかし、その部屋で暮らしていくと、今度はその部屋自体がストレスになってきます。会社でのストレスの原因がなくなったとしても、今度は家の状態が知らず知らずストレスになり、またしてもやる気がなくなってしまいます。「片付けるのが面倒。料理するのも面倒」と、グータラな生活になってしまいます。まさに、負のスパイラルにはまってしまうわけです。

人は、身につけているものやまわりの環境で立ち振る舞いが変わります。たとえば、お寺の道場にいるときと、正装をしてパーティ会場にいるときと、夏休みに自分の実家にいるときでは、自分の姿勢から身のこなしまですべて変わってくるでしょう。

それと同じで、きれいに整えられた空間に身を置くと、自分自身を律する気持ちが強くなります。そして、少し汚れているのに気がついたらすぐに掃除するなど、軽やかに動けるようになります。

自分の中に一定のルールやリズムがあり、ダラダラする癖がついていないから、就寝時間になったらすぐに寝られますし、朝も決めた時間に起きることができます。

反対に、部屋が散らかっていると、少し汚れても「ま、いいか」という気持ちになり、掃除を後回しにします。すると、それが積み重なって、最後には収拾がつかなくなってしまいます。

そのような人は、自分を律していないので、時間の使い方も無駄が多く、ネットサーフィンやゲームに、自分が思っている以上に時間を費やしてしまい、朝もぎりぎりの時間にしか起きなくなります。

片付いた空間が、その人の行動をつくり上げていき、散らかった空間は、その人の行動をそれなりのものにしていってしまうのです。

私は、基本的に人間はものぐさだと思います。ですから、楽なほうへ流され始めると、それを直すのがとても大変になるのです。

それを止めるためにまずできることは、住空間をきれいにすること。身のまわりを整えることは、自分の生活を律することと密接な関係にあるのです。

不要なものを捨てることで、自由になる

空間をきれいにすることの大切さについてお話ししましたが、いざ手をつけようとして、戸惑いはありませんでしたか？
「こんなにものがあるのに、捨てるものがない！」。これは、現代人の悩みだと思います。
いったんものを所有すると、執着する心が生まれます。今は使っていなくても、いつか使うかもしれない。高かったから、手放したくない……。

人間は「本来無一物《ほんらいむいちもつ》」です。人は何も持たずに生まれてきて、何も持たずに旅立っていくのです。そうであるのなら、愛着のある、使い慣れたものを少しだけ手元に置いて、あとは手放してしまったほうが、人生という時間を、あなたにとって本当に大切なことに使えるのではないかと思います。

禅において、何よりも大切にしているのは「今」という時間です。今、この時

を精一杯生き切るためには、即決・即断することが大切になってきます。ですから、何を手放すのかは、思い立ったそのときに決めてください。

私がよくお話しする基準は3年。3年間使わなかったもの、3年間着なかった服は、この先も使わない可能性が高いです。もし、まだ誰かが使ってくれそうなものならば、友人に使わないか尋ねてみたり、リサイクルショップに引きとってもらえないか聞いてみましょう。

また、捨てる前に「見立《みた》て」をしてみるのもいいと思います。「見立て」とは、茶の湯から生まれた精神で、あるものから、それとは別のものを見てとるということ。

たとえば、禅寺の庭「枯山水《かれさんすい》」は水を用いることなく、白砂や石を使って山水を表現します。これが、見立てること。

見立てることにより、ひとつの命が終わったものに、次の命を吹き込んであげることもできるのです。たとえば、面がすれてしまって使えなくなった石臼《うす》を庭の飛び石にしたり、崩れてしまった五輪塔の一部分を手水鉢《ちょうずばち》にしたり。昔から日本では、見立てることがたくさん行われてきました。

子どものころ、祖母に縫ってもらった浴衣をほどいてバッグやポーチにリメイクする。気に入っていたけれどふちが欠けてしまった陶器に野の花を生けてみる。「使えなくなってしまったけれど、思い入れがある」ものは、この方法で次の命を吹き込めないか、考えてみるといいと思います。

譲ることも、リメイクすることもできないものは、感謝の気持ちを持って捨てましょう。

「放下《ほうげ》庵中《あんちゅう》放下人《ほうげにん》」という禅語は、「うらびれた庵に世間のこだわりから解き放たれた自由人が住んでいる」という意味です。つまり、「放下する（捨てる）」ことは「自由になる」ことでもあるのです。

自由になるために、まずは部屋を見回して、使っていないものを手放すことから始めましょう。

第五章

美しい人は「減らす生活」でつくられる

気持ちをリセットするならば、坐禅がお勧め

気持ちの切り替えが下手だったり、すぐにイライラしてしまったり、いつも焦りが消えなかったり。悩みとしても認識されないような小さなことかもしれませんが、「ちょっとしんどいな」と感じるようであれば、気持ちをリセットするつもりで、静かに「座ってみる」ことをお勧めします。

座るとは、坐禅を組むこと。禅僧の基本ともいえる修行です。

坐禅の基本的な作法や所作は、禅寺で行われている坐禅会に参加するなどして習得するのがいちばん良い方法です。ここでは、家庭でもできる坐禅の仕方を簡単に説明しておきます。

まずは姿勢を正し、足を組みます。お寺では坐蒲《ざふ》という坐禅専用の座布団を敷きますが、家ではお尻の下に座布団をふたつ折りにしたものを敷くといいでしょう。横から見たときに、背筋がS字のカーブを描くようなイメージです。

このとき、自分では姿勢を正しているつもりでも、意外と曲がっていたりする

ものです。まっすぐ座るために、「左右揺身《さゆうようしん》」といって、体を左右に揺らします。その揺れを徐々に小さくしていき、ピタッとまっすぐなところで体を止めます。こうすると、居住《いず》まいがきちっと正されて、自分の真ん中がわかるようになるのです。

呼吸は丹田呼吸です。基本は、鼻で呼吸します。「欠気《かんき》一息《いっそく》」で、まずは体の中の邪気を出し切るつもりで、息を思い切り吐きます。全部吐き、自然にまかせて吸う。それを2~3回繰り返しましょう。

目は半眼にします。昔は「座って三尺前を見ること」と教えられていましたが、今は背の高い人が多いため、視線は45度と指導しています。こうすると、お釈迦様と同じまなざし、半眼になります。半眼ですと外部から余計な情報が入ってこないため、自分の内側を見つめることに集中できるのです。

お寺の場合、座る時間は一炷《いっちゅう》といって、お線香1本が燃える時間です。だいたい45分でしょうか。しかし、坐禅を始めたばかりの方が家で45分間座ることは、なかなか難しいと思います。

そこは自分のできる範囲、5分や10分という短時間でもかまいません。むしろ、「時間があまりないのですが、少しでも座って心を落ち着けたい」という気持ちが大切なのです。

座っているときは、頭の中にいろいろなことが浮かぶでしょう。それは自然なことです。ここで、「無にならなくちゃ。考えちゃダメだ」と考えると、その思いに縛られて、次々と雑念が浮かんできてしまいます。

それよりも、頭に浮かんだことをそのまま頭の外に出してしまうようにします。浮かんできても、何も頭の中にとどまらせないようにすればいいのです。

どうしても考えることをやめられない人は、数息観《すうそくかん》、つまり、自分の息を数えてみるのもいいでしょう。そのときは頭の中で息を数えることに専念し、雑念が現れてもひたすら数を数えるのです。

床に座る以外に、椅子に座って坐禅をすることもできます。

背もたれに寄りかからず、椅子に浅く腰かけ、同じように背筋を伸ばします。視線は45度にして、呼吸を整えます。

椅子坐禅を覚えておけば、会社で行うこともできます。仕事でミスが続いてしまうときなど、気持ちをリセットするつもりで、椅子に座ったまま椅子坐禅をしてみてはいかがでしょうか。

ここまで坐禅のお話をしましたが、最初に申し上げました通り、座り方を習得できるまでは、お寺の坐禅会に参加して、基本をきっちりと身につけたほうがいいと思います。今まで姿勢を意識したことのない人に「まっすぐ座ってみてください」と言っても、曲がったり、前かがみになったりすることが多いのです。お寺なら、きちんとした座り方を教えてくれるでしょう。

近くに禅寺があるのなら、坐禅会をやっていないか聞いてみましょう。または、京都や鎌倉などの寺町に旅行する際に、宿坊に泊まったり、お寺の坐禅会に参加してみることもできます。

大切なのは、続けていくこと。最初は難しくても、ひたすら毎日座っていると、そのうちスッと頭の中を空っぽにすることができるようになるでしょう。

孤独に強い女性は美しい

友人を持つことは、とても大切なことだと思います。

嬉しいときは喜びを分かち合い、辛いとき、やりきれないときは、支え励ましてくれる。そんな友人がいれば、人生は楽しく、豊かなものになるでしょう。

しかし最近では、自立した個人と個人の間で成立している友情というよりも、「このグループからははじき出されないようにしなくては」という関係が多いような気がします。

少し前に、「一緒に昼ご飯を食べる人がいないから」という理由で、トイレでお弁当を食べる大学生が増えていると、ニュースで見たことがあります。

会社で働いている女性も、朝出勤したときから「今日は誰とお弁当を食べよう?」と、悩んだりするそうです。

子どもを公園で遊ばせている間、ママ友同士で会話を楽しむグループに入れてもらえないからと、公園へ行かなくなったお母さんもいると聞きました。

どちらの場合も、自分の気持ちさえ強く持っている人にとっては、取るに足らないことかもしれません。しかし、その当事者の方たちは、まわりはみんな友達同士でいるのに、自分だけひとりでいることに、または、「あの人、ひとりだ」とまわりから見られることに耐えられないのでしょう。

最近の人たちは、「群れていれば安心」という気持ちが強いように思います。いじめもそうですね。それまでは仲良くしていても、何かのきっかけで群れからはじき出されると、いじめられるようになる。

本当は、群れの中にいることがストレスになっているのに、グループを離れてひとりきりになることが怖いのです。

しかし、「グループからはじき出されないように」と思って行動していると、自分の個性を出せなくなり、集団の中でしか生きていけない人間になってしまいます。

私は、孤独に強い人は美しいと思います。

孤独は決して悪いことではありません。静かな時間を持つことは、自分にとって、とても大事なことだと思います。

たとえば、ひとりで本を読むのが好きだとか、ひとりで絵を描いている時間が何より大切ということは、孤独を楽しんでいるということ。このように、ひとりの時間を楽しむことは自分自身の糧になるのだと、私は思います。

自分自身をしっかりと持って、何かに集中している人の姿は、とても美しいのです。

フェイスブックなどでは、友達をたくさん集めることができます。中には、数百人の友達とつながっている人もいるようです。

しかしその中に、自分が悩んでいるときに相談できる友達が何人いるでしょうか。

リストに表示するためだけの「友達」を増やすよりも、生涯大切にしていける友を、ひとりでも、ふたりでもいい、持つことのほうが大切なのではないでしょうか。

「孤独」と似て非なる言葉に「孤立」があります。孤立とは、周囲とまったくお付き合いがないということ。孤独と違い、孤立することはさみしいことです。

しかし、「群れていないと心配」という薄い関係の中で暮らしていると、そのグループがなくなったり、トラブルがあってはじき出されたりしたときに、「孤立」してしまうこともあるのではないでしょうか。

お昼をひとりで食べてもいいではないですか。そのほうが「喫茶《きっさ》喫飯《きっぱん》」、つまり食べることになりきれます。

孤独に強い女性には、凛とした美しさがあります。周囲の目など気にせず、孤独に強い、ひとりを楽しめる女性になってください。

自然の中でボーッとすることが、何よりの「自分へのご褒美」

「自分へのご褒美」というものは、とてもいいものだと私は思います。

努力ばかりの毎日では、体も心も疲れてしまいますね。竹が、その節によって折れにくくなるように、一定の成長のあとのご褒美は、自分の気持ちを強くしなやかにしてくれます。

さて、ご褒美の内容ですが、小さな仕事が終わるごとにブランド物のバッグを買っていたのではお金がもちませんし、新しいものを頻繁に手に入れていると執着心が顔をのぞかせて、「もっと欲しい、もっと買いたい」という執着のスパイラルにはまってしまう恐れがあります。

それよりも、こんなご褒美はどうでしょうか。

休みの日、お弁当をつくって電車に乗り、日帰りできる山へ行きます。仕事で疲れていて歩きたくないのなら、ロープウェイがある山に行ってみるのもひとつの手です。そして自然の中に身を置いて、景色を眺めながらひたすらボーッとするのです。

ボーッとするだけなら、会社の休憩室や自分の家でもできるかもしれません。しかし、あえて山をお勧めしているのは、自然が本当にすごいパワーを持っているからです。

土や草の匂いがして、風が心地よく頬を撫《な》でていく。視界はどこまでも広がって、その色は目にとても優しい。鳥や虫の鳴き声を聞きながら食べるお弁当は、きっといつもよりも美味しく感じられるに違いありません。

自然の中で五感を解き放つと、普段は固まって縮こまりがちな心が、ふわっとほぐされます。自分が解放されるとでもいいましょうか、心に重くのしかかっていたものが楽になるのです。それは本当に、自然の中でしか感じられないことだと思います。

山ガールや森ガールがといった人たちが増えたのも「もっと自然の中にいたい」という気持ちが、働く女性の中で大きくなっているからなのかもしれません。

「都会暮らしで、近くに山がない」と思っている方も多いようですが、実は自然スポットは意外とたくさんあります。東京都内からなら、まず行きやすいのは高尾山。それから、茨城県の筑波山、千葉の鋸山《のこぎりやま》などもあります。これらの山にはロープウェイやケーブルカーがありますので、時間をかけずに山の上まで行くことができます。

山まで行けなくても、等々力《とどろき》渓谷や小石川植物園など、都内で楽しめる自然スポットもたくさんあります。首都圏での例を挙げましたが、このように自然を感じられる場所は、いたるところにあるでしょう。

大切なのは、どこへ行くかではなく、自然の中でひたすらボーッとするということなのです。

「自分へのご褒美は何にしよう。あれも欲しいし、これも欲しい……」。そう悩んでいる人は、ぜひとも一度、「ご褒美は自然の中で過ごすこと」を実行してみてください。風の感触や鳥の声がどれほど心を軽くしてくれるのか、きっとびっくりすることでしょう。

「道」と呼べるくらいひとつのことを極めてみる

私は禅僧であると同時に、日本庭園デザイナーや環境デザイン科の教授としても活動しております。

きっかけになったのは小学校5年生のとき。京都へ行って、さまざまなお寺をまわり、カルチャーショックを受けました。「うちの庭とは全然違う。いつかこんな庭を自分で造ってみたい」と。それが出発点となり、現在は日本庭園のデザイナーをしております。

自分が何かをつくったりデザインしたりするときに大切にしているもの、それは形をデザインするのではなく、精神をデザインすることです。

欧米では、まず形ありきで、「こう見せたい、こういう形をここに置きたい」ということから入っていきます。それは、建築や工芸、絵画でも全部そうですね。

しかし、昔から日本では「精神をデザインすると形が見えてくる」という方法を取ってきました。

「自分の今の気持ちを、この墨絵に託して残したい」

「修行の末に行き着いた精神の世界を、庭で表現したい」

つまり、残したいものは、形ではなく、精神や教えなのです。

これは、日本人のものの考え方全般に「無我《むが》」が行きわたっていたからこそ発達した考え方です。「無我」とは、自分という人間が消え去っても、精神が残っていけばいいということ。自分の名前が後世に残らなくても、自分が人生において極めた精神や生き方が伝わっていけばいい。そのような思いから生まれた概念なのです。


このように、自分の生き方を極めていくと、それは「道」になります。

日本には、剣道、弓道、茶道、華道、合気道、書道など、「道」がつくさまざまな文化がありますね。これも、自分の生き方を極めていくことと関係があります。

技術、つまりテクニカルな部分だけを表すのでしたら、剣は剣術、弓は弓術、茶道は茶の湯、華道は立花《りっか》となります。これらの技術が禅と結びつき、技を磨くだけではなく、その技を通して己の精神を高め、生き方を極めていくという精神にまで上がったときに、そこに「道」がつくのです。剣道なら、剣術という技術を通して自分の生きざまを極めていこう、ということなのです。

剣術が突き詰めるところは「いかにして相手に勝つか」なのですが、剣道の最終形は、孫子《そんし》の兵法でいう「戦わずして勝つ」ことです。相手はその道を極めた者の気迫を目の当たりにし圧倒され、剣を抜く前から勝てないと悟ってしまうのです。

茶道や書道も同じです。それを通して生き方を極めていこうとする精神が、「道」につながっていくのです。

ひとつのことを極めようとして続けると、それは道になります。多趣味であることもいいことですが、自分の人間性を高めるつもりで何かひとつを続けて、「これが私の道なのだ」と言えるくらいに極めてみてはいかがでしょうか。

見る人の力量を養えば、より豊かに文化を堪能できる

華道についてお話ししましょう。

華道の基となる技術は「立花」と言います。これは生け花を形よく活ける、テクニックの部分です。

この立花が禅と結びついて「華道」となると、花を形よく活けるだけではなく「自分がこの花の命をどう活かしきるのか」ということの追求になってきます。花を活けるという行為に自分の精神性が入ってくると、やがては花とひとつになりきります。これを禅語で「一行三昧《いちぎょうざんまい》」と言います。

花と一行三昧になったとき、まったく別の道が開けてきます。

自分の精神性が、その花の命を活かしきったときに、自分の人間性がまた高まるのでしょう。それが欧米のフラワーアレンジメントとの違いなのだと思います。

華道などの日本の文化は、見るほうの力量も問います。

活けられた花がある。そこには、空間が設けられている。花を活けた人の心が、どのようにその空間に入り込んでいるのか。精神が、人間性が、どのようにその花に凝縮されているのか。花を見るほうは、そのような、目に見えない部分までもくみ取るのです。

日本文化では、このような「空間」や「間《ま》」にウエイトが置かれます。つくり手が本当に伝えたいことは見えているものの背後にあるため、見る人はそれを想像して考えなければなりません。

能楽も同じです。ひとつの所作の中でも、動きから動きに移る中で、役者がどういう気持ちで間を取っているのか。役者のその場その場での目の扱いで、どれだけ遠く深い距離感を出しているか。どのような心情を表しているのか。そのようなことは、すべて見る側の想像になってくるのです。

同じものを見ていても、自分の精神によって、そこから受け取る内容は変わってくる。それが日本文化です。

自分の人間性が豊かになればなるほど、日常生活などでも学ぶことは多くなります。

本当の自分がどんな人なのかを知り、ものを見る目を養っていけば、より豊かに日本文化を感じられるようになると思います。

ご利益を求めず、ただ、行を修める

ここ数年のスピリチュアルブームで、神社やお寺にお参りにいらっしゃる人が増えているようです。

信心を持って神仏にお参りすることは、とても素晴らしいことだと思います。

しかし、どうやら「お参りしたのだから、すぐにご利益に結びつくはず！」という気持ちの方も多いように感じます。

それと似たことを、社会のさまざまな場面で感じることがあります。

たとえば、「この時間管理術を使うと、今よりもっと効率的に時間をつくれるようになります」とか、「このドリンクを飲めば、短期間で痩せます」とか、なんでも効率を追い求めるのが現代社会です。

「いいことがあるからやろう」

「何か手に入るからやろう」

みなさん、それを基準に行動しているような気がします。

坐禅を始めたいという人も、「坐禅をしたらどんないいことがあるんですか？　健康になれるって聞いたんですが、本当ですか？」と、すぐに効能を期待する人が多いように感じます。

確かに坐禅をするとセロトニンが出て精神が落ち着くということは、科学的にも証明されています。テレビなどでも放送されたので、効能を求めてやってくる人がいることも理解できます。

しかし、禅は効能を求めてやるものではありません。「体にいいからやろう」「集中力が増えて仕事がはかどるからやろう」と、何かを期待して行うものではないのです。

坐禅をするときは坐禅になりきる。その行為とひとつになる。それを続けていくうちに心が落ち着いて、いつの間にか心身の健康の役に立っていた――。

つまり、無心になって続けているうちに、心身の健康が自然にあとからついてきたというのが、坐禅の本来の姿。心身の健康は、あくまであとからもたらされた結果なのです。それが今は逆で、最初から期待を大きくして坐禅に取り組んでしまっています。

坐禅やその他の習慣を生活に取り入れていくことはとても尊いことです。

しかし、「こういうメリットがあるからやりましょう」となると、その予備知識にとらわれ、縛られて、かえって結果が出なくなるのです。「セロトニンが出るはずだ、アルファ波が出てリラックスできるはずだ」という執着心を持つから、坐禅をしていても、坐禅そのものになれないのです。

坐禅は2500年以上も昔から行われてきた修行です。科学が発達した現代において、たまたま医学的に調べたところ、アルファ波やセロトニンが出てリラックス効果があるという結果が出ただけなのです。昔の人はそんなことは何も知らず、2500年以上坐禅を組み続けてきました。きっと実践的に、「坐禅をすると心が穏やかになれて、冬でも体が温かくなる」ということを知っていたのです。

神社やお寺にお参りに行って、すぐに願いが叶《かな》うわけではありません。お参りに行き、そこで自分が何を感じ、その感じたことによって、今後どう自分を高めていけるか。願いとはそのように叶うものなのです。

ご利益があるからお参りする。脳にいいらしいから坐禅する。そればかりを追い求めてしまうと本末転倒です。

修行とは、ただ無心に行を修めること。効率やメリット、ご利益を期待する気持ちを捨てて、坐禅とひとつになり、祈りとひとつになってみてください。

習慣化するために、100日続ける

早起きや運動、勉強など、新しい生活習慣を取り入れようと思ってはみましたが、3日でやめてしまった……。

「三日坊主」という言葉がこれだけ親しまれて使われているだけあって、誰にでもが経験があることだと思います。ちなみにこの「三日坊主」という言葉は、出家したものの僧の厳しい修行に耐えられず、3日経ったらお寺を逃げ出してしまう、ということが語源だそうです。

新しい習慣を身につけることは、なかなか楽ではありません。それまでやっていないこと、つまり体に染みついていないことを始めるのですから、容易ではないはずです。

しかも、人間はもともと、楽なほうへ流されやすいこともあります。朝早く起きてジョギングをしようと決めて、何日か実行したのに、怠け心は突然頭をもたげます。

「今日は寒いからもうちょっと布団の中にいたい」とか、「昨日は仕事を頑張ったから、もうちょっとだけ寝てもいいことにしよう」などと言い訳をして、なし崩し的に夜型の生活に戻ってしまう。そんなことが多いのではないでしょうか。

これに対する対処法は、ふたつあります。

まずは、習慣づけたいことを絞ります。最初から大きな目標を持つのではなく、小さなことに集中するのです。

たとえば、「早起きして30分ジョギングする」というのは、ゼロから習慣づけるには大きすぎる目標です。まずは「早起きして散歩する」ことを目標にして、その小さなゴールをクリアすることに集中すればいいのです。

早起きして30分歩くことが習慣化されたら、今度は「早起きして25分歩いて5分ジョギングする」というふうに、少しだけハードルを上げる。そうすれば、朝起きて外へ行くことは簡単にできるようになっていると思いますので、今度は5分走ることだけに集中すればよくなります。それができるようになったら、今度は走る時間を10分に増やす。このようにして、最初の大きな目的に近づければいいのです。

もうひとつの習慣化するためのアドバイスは、とにかく100日続けるということ。

禅寺の雲水修行には、「百日禁足《ひゃくにちきんそく》」という規則があります。修行に入って100日間は、外へ出ることも、外部の人に会うことも許されません。寺の外の人と、メールや電話、手紙のやりとりなども禁止されています。この100日はお寺に籠《こも》って身をつつしみ、雲水生活に慣れるための期間です。

なぜ100日なのでしょうか。それは、人間が環境や自らの行動の変化に慣れるために必要なのが100日だからです。

雲水修行に入ってしばらくは、本当に辛い日が続きます。厳しい修行と規則正しい生活、少ない食事。もちろん娯楽などは一切ありません。最初は誰もが「こんな生活無理だ」と思うのですが、100日経つころには体になじんで慣れてしまいます。そして「この生活、意外と大丈夫だな」と思えるようになるのです。

100日続けたことは、1年でも3年でも、自分で「や～めた」と言うまで続けることができます。まさに、一生ものの習慣になります。

何か習慣づけたいことがあるなら、修行だと思って、とにかく100日間は続けてみましょう。

パートナーは、条件よりも価値観を同じにする人を選ぶ

理想とするパートナーと巡り合うため、婚活をする女性が増えているようです。しかし、「結婚するなら、絶対にこんな人」という条件をたくさんあげているために、かえって相手が見つからないことが多くなっているような気がします。

年収がいくら以上なければならないとか、どこそこの大学出身がいいとか、親との同居はしないとか、たくさんの条件を先にリストにしておいて、「私にぴったりな人がなかなか現れないの」とため息をつく。先に条件をあげたほうが相手を効率よく見つけられそうな気がしますが、実は結婚とはそういうものではないのです。

これからの人生を誰かと歩いていくために必要なのは、年収や出身大学ではありません。この人だったらずっと一緒にやっていきたいと思えるかどうか。そういった「相性」が大切なのではないでしょうか。

相性は、価値観と言い換えてもいいかもしれません。簡単な例をあげると、毎

週どこかへ出かけるのが好きな人と、休みの日は家で静かな時間を過ごすのが好きな人の場合、最初の2〜3か月はいいかもしれませんが、一生という長い時間を過ごすのは難しいかもしれません。

食事の好みも大切ですね。片方は肉や脂っこいものが好きで、もう片方は玄米菜食の食生活をしているとなると、最初は相手に合わせるようにしても、次第に疲れてしまうでしょう。

金銭感覚という価値観もあります。すごく浪費家の夫と、堅実な妻の組み合わせでは、途中でどちらかが耐えられなくなる可能性が高いと思います。やはり、価値観のつり合いが取れていることが、夫婦として続けていくうえでいちばん大切なことなのではないでしょうか。

年収がいくら以上とか、年は近くなくては嫌だとか、有名大学出身とか、そういう条件で線引きしていたら、まず結婚相手は見つかりません。たとえ条件を満たしている人が見つかったとしても、自分と価値観が同じで、一緒に心地よく生活できるかといったら、これもまた別の話です。

現代は未婚率とともに離婚率も上がっていますが、それも条件によって相手を選んでいることがひとつの原因でしょう。「条件は良かったから結婚したのに、全然大切にしてもらえない」と、理想的な生活と現実とのギャップが埋められなくなってしまうのです。

条件とは、執着です。これだけのレベルの生活がしたい、苦労はしたくないということに縛られてしまっているのです。

そうではなくて、長い人生を一緒に歩むパートナーなのですから、ともに築き、ともに成長していけばいいのだと思います。

ふたりの幸せはふたりで積み上げていけばいいのですから、一度条件を忘れて、相性や価値観でパートナーとなる人を探してみましょう。

「利休七則」にならう、本当に上質なもてなしとは

わび茶を完成させた千利休。利休さんは常に「一期《いちご》一会《いちえ》」の精神で、客人をもてなしていました。

一期一会とは、「今日のこの茶会の時間は二度とは巡ってこない一度きりのもの。同じ茶室で、同じお道具で、同じお客さまを招いたとしても、同じ茶会になることはありません。ですから今日、ここでできる最高のおもてなしをいたしましょう」という意味の言葉。まさに禅と茶の湯が結びついた考え方です。

利休さんが一期一会の場をつくるために説いた「利休七則《しちそく》」という心得があります。私なりの解釈を、簡単に説明していきましょう。

一、茶は服のよきように点《た》て

服というのは、お服加減、つまり温度のこと。温度に気を配り、口に含んだときにふわっとまろやかさが広がるように点てるということです。

二、炭は湯の沸くように置き

炭でお湯をまろやかに沸かすには、細心の注意を払った火加減が必要となってきます。最高のタイミングでちょうどいい温度のお湯を沸かせるように、事前の準備を怠らないということです。

三、花は野にあるように

いかにも「花を活けましたよ」というように飾るのではなく、花器の中の一輪の花を見た客人が、そこから野に咲く花の可憐《かれん》な姿を想像できるように活けるのです。

四、夏は涼しく冬暖かに

エアコンのない時代です。客人に夏は涼を、冬は暖を感じてもらうため、さまざまな工夫を凝らしました。たとえば、夏なら浅い茶碗を使ったり、葉っぱを水指の蓋《ふた》に見立てて葉蓋として、涼しさや瑞々《みずみず》しさを演出するのです。

五、刻限は早めに
茶会では、客人が到着する前に表に打ち水をして、湯の沸き具合を調整するなど、すべて最高のタイミングを計算して準備します。ひとつの遅れによって、他の準備まで整わなくなっては大変です。常に余裕のあるように準備することを促しています。

六、降らずとも雨の用意
たとえ雨の気配がなくとも、客人のために、傘の用意までしておく。万が一のことを考えた、隅々までの心配りが大切なのです。

七、相客《あいきゃく》に心せよ
相客とは、茶会に招待された他の客人のこと。常に他の人に気配りをしながら、一緒にその時間を楽しみましょうということです。

茶道において大切なことは、これだけ綿密に客人のことを考えて準備しておきながら、それを客人に感じさせないようにするということ。

たとえば、利休さんは客人が来る前に路地を掃除します。しかし、落ち葉ひとつ落ちていないと、いかにも「掃き清めておきました」という感じになってしまいますね。だから一度すべての落ち葉を掃いたあと、利休さんは木を揺すり、わざと落ち葉を落としておくのです。

　これは、日本庭園をデザインしているときも思います。いかにも「造りました！」という庭園ですと、それが見る側にすぐに伝わりますし、しばらく眺めていると飽きてしまいます。

　しかし、利休さんがわざと木を揺すって葉を落としたのと同じように、見る人に心配りをして造られた庭は、「造りました」という主張がまったく感じられません。ですから、いつまで眺めていても飽《あ》きがこないのです。

　今の社会では、「これ、私があなたのためにやりました！」と、自分で努力や気遣いを申告し、自我を押し出す人が多くなっていると思います。

　そうではなくて、才があっても、その才をほとんど感じさせないようにする。それでいて客人や見る人を心地よくさせる。それが本当に上質なおもてなしであり、日本文化の神髄だと思うのです。

どんな1日も、大切な1日

人生には、楽しいことや喜びがたくさん詰まっています。

しかし、人生は平坦《へいたん》な道ばかりではありません。悲しみに打ちひしがれる日も、苦しみに希望を失くしそうになる日もあるでしょう。

「生きるって、大変だなぁ」

そんな気持ちでため息をついている人に贈りたい言葉があります。

それは、「日日是好日《にちにちこれこうにち》」です。

人生、毎日毎日いい日が続くわけありません。お天気と同じで、好天は1週間のうち1日か2日。残りの日は、雨だったり、雪だったり、風が強かったり、嵐が来たり。

だけど、雨の日がダメなのかというと、そんなことはないのです。雨の日でなければ味わえないことだって、たくさんあるのです。

アジサイもショウブも雨の日にはしっとりと美しく咲きます。カエルの鳴き声も、雨の中ではより情緒をもって聞こえますし、草や土も心地よく香ります。自分のつま先だけを見ていると、「靴が濡れて嫌だな」という気分になりますが、視線を少し上げてみると、雨の日にしか見えない美しさというものもたくさんあることに気付きます。

人生もそれと同じように、「今日はついていない日だ」というときにしか味わえないことがあります。「悲しい」という気持ちは悲しい日にしか味わえないのです。ですから、その悲しみを味わいつくしてしまおう。それが「日日是好日」という言葉なのです。

悲しい日があるからこそ、嬉しいことがあると喜びが大きくなる。谷が深ければ、その分、山に登ったときの感激が大きいのです。谷がなければ山もないわけで、そうなると、悲しみがないかわりに喜びもない、平坦な毎日になってしまいます。

悲しいとき、苦しいときがあるからこそ、楽しい、嬉しいという気持ちが価値を生みます。ですから、辛いとき、苦しいときは、「今は苦しいけれど、この時間は自分を成長させてくれている大事な時間なのだ」と考えましょう。「どうして私がこんなに辛い思いをしなければならないんだろう。逃げてしまいたい」と嘆いてばかりでは、谷から山へ上がるタイミングを逃してしまいます。

先にも述べたように、人間にはふたつのことを対立的に考える癖があります。しかし、どの日にもそこでしか学べないこと、味わえない気持ちがあるのですから、良い日と悪い日を比べても意味のないことです。

苦労があるからこそ、それだけいいことが尊く、ありがたく感じられる。

それが、禅の教え。日日是好日なのです。

禅《ぜん》の教《おし》えに学《まな》ぶ
捨《す》てる習慣《しゅうかん》と軽《かろ》やかな人生《じんせい》

朝日文庫

2015年11月30日　第1刷発行

著　者　枡《ます》野《の》俊《しゅん》明《みょう》

発行者　首藤由之
発行所　朝日新聞出版
〒104-8011　東京都中央区築地5-3-2
電話　03-5541-8832（編集）
03-5540-7793（販売）
印刷製本　大日本印刷株式会社

定価はカバーに表示してあります

ISBN978-4-02-261840-5
落丁·乱丁の場合は弊社業務部（電話03-5540-7800）へご連絡ください。
送料弊社負担にてお取り替えいたします。

梅原　猛
梅原猛の授業　仏教

生きるために必要な「いちばん大切なこと」とは何かを、仏教を通してすべての世代にやさしく語る。「梅原仏教学」の神髄。〔解説・鎌田東二〕

梅原　猛
梅原猛の授業　道徳

類書なし！　儒教や仏教、小説、そして生きとし生けるものを題材に、道徳とは何かをやさしい言葉で説く。〔解説・神坂次郎〕

梅原　猛
梅原猛の授業　仏になろう

仏教を知り尽くした著者が、十善戒、六波羅蜜、四弘誓願など、日本人のかつての精神の糧、仏教道徳をやさしく解説する。〔解説・中沢新一〕

梅原　猛
梅原猛、日本仏教をゆく

混迷の時代、日本人はどう生きればよいのか？　聖徳太子から親鸞、西行、宮沢賢治まで、四二人の仏教者の思想と人生に学ぶ。〔解説・末木文美士〕

細川　貂々《てんてん》
大丈夫、みんな悩んでうまくいく。
てんてんの「十牛図」入門

マイナス思考で迷っていた著者が、禅の教えである十牛図を基に自信をつけ迷わなくなるまでの道筋を描く。笑って学べるコミックエッセイ。

八木谷　涼子
なんでもわかるキリスト教大事典

聖書理解も礼拝スタイルも、教派が変わればここまで違う！　カトリック、プロテスタントから「異端」までを徹底解説。キリスト教入門の必読書。